國家社科基金重大委托項目“《子海》整理與研究”成果

山東省社科規劃重大委托項目成果

子海精華編

主編 王承略 副主編 聶濟冬

世緯

（明）袁袠 撰 何朝暉 點校

明夷待訪録

（清）黄宗羲 撰 何朝暉 點校

鳳凰出版社

圖書在版編目（CIP）數據

世緯 /（明）袁衮撰 ；何朝暉點校. 明夷待訪録 /（清）黄宗羲撰 ；何朝暉點校. -- 南京 ：鳳凰出版社，2017.10
（子海精華編 / 王承略主編）
ISBN 978-7-5506-2663-8

Ⅰ. ①世… ②明… Ⅱ. ①袁… ②黄… ③何… Ⅲ. ①哲學－中國－明代②哲學思想－中國－清代 Ⅳ. ①B248②B249.32

中國版本圖書館CIP數據核字(2017)第245909號

書　　名	世緯　明夷待訪録
著　　者	(明)袁衮 撰　何朝暉 點校
	(清)黄宗羲 撰　何朝暉 點校
責任編輯	王清溪　郭馨馨
出版發行	鳳凰出版社(原江蘇古籍出版社)
	發行部電話025-83223462
出版社地址	南京市中央路165號，郵編:210009
出版社網址	http://www.fhcbs.com
照　　排	江蘇鳳凰製版有限公司
印　　刷	南通印刷總廠有限公司
	南通市通州經濟開發區朝霞路180號，郵編:226300
開　　本	890×1240毫米　1/32
印　　張	3.75
字　　數	78千字
版　　次	2017年10月第1版　2017年10月第1次印刷
標準書號	ISBN 978-7-5506-2663-8
定　　價	25.00圓
	(本書凡印裝錯誤可向承印廠調換，電話:0513-80237871)

國家社科基金重大委托項目“《子海》整理與研究”成果之一

《子海精華編》

執行編纂(按姓氏筆畫排列):
王成厚　王　娜　尹思琦　曲娟娟　李　兵　宋恩來
苗　露　柏　雲　柳湘瑜　張雨霏　賈　兵　蘇運蕾
編　　務:張　櫻　劉　端　孫紅苑　沈　虎
本書審稿專家:董治安

《子海精華編》出版説明

“子海”，即“子書淵海”的簡稱。“《子海》整理與研究”課題係國家社科基金重大委托項目、山東省社科規劃重大委托項目。該課題分《珍本編》、《精華編》、《研究編》、《翻譯編》四個版塊，力圖把子部珍稀文獻、精華文獻進行深層次的整理、研究和譯介，挖掘子部文獻的價值，促進子學研究的發展。

山東大學向來以文史見長。古籍整理與子學研究，是其中的傳統研究方向。“《子海》整理與研究”，是在山東大學前輩學者高亨先生積 30 年之力陸續做成的《先秦諸子研究文獻目録》的基礎上，由已故著名古籍整理與研究專家董治安先生參與策劃、設計的大型綜合研究課題。課題立項後，得到了中宣部、教育部、財政部、山東省政府和山東大學的大力支持，學界同仁踴躍參與。《精華編》的整理研究團隊近 200 人，來自海内外 48 所高校和研究機構。在組織管理上，《精華編》努力探索傳統文化研究協同創新的新體制、新機制，現已呈現出活力和實效。

華夏文明是由多元文化構築而成的。中國古代子部典籍，以歷代士人個性化作品的形式，系統性地展示了華夏民族的世界觀和方法論，立體性地反映了中華民族對世界文明發展的貢獻。其中，無論是宏篇大論，還是叢殘小語，都激蕩著歷史的聲音，閃爍著智慧的光芒，構成中國古代思想、藝術、科技和生活方式的主體内容。《精華編》通過對子部最优秀的典籍的整理，一方面擷英取粹，爲華夏文明的傳播提供可靠的資源和文本；另一方面以古鑒今，爲當下社會的發展提供智力支持和精神支撑。并希望進而梳理中華傳統文化的多元結構，繼承中華優秀傳統文化的一貫文脈。

根據漢代以後子學發展和子部典籍的實際情況，參照官私目録的分類與著録，《精華編》選取先秦諸子、儒學、兵家、法家、農家、醫家、曆算、術數、藝術、雜家、小説家、譜録、釋道、類書等十四個類目的要籍幾百種，編爲目録，作爲整理的依據，而在成果展現上則不出現具體的類目。爲統一體例，便於工作，《精華編》編有詳細的《整理細則》，并有簡明的《整理要則》，供整理者遵循使用。

《精華編》整理原則是，對每種子書的整理，突出學術性、資料性和創新性，力求吸納已有的整理成果，推出更具參考價值、更方便閱讀的整理文本。所採用的整理方式，大體有三種：一、部頭較大且前人未曾整理者，採用標點、校勘的方式整理；二、前人曾經標點、校勘者，或採用抽换更好或别具學術特色底本的方式整理，或採用集校、集注的方式整理，或採用校箋、疏證的方式整理，或綜合使用以上方式；三、前人已有較好的注本者，則採用集注、彙評、補正等方式整理。

《精華編》採用五次校審、遞進推動的管理程式，即：一、初校全稿。子海編纂中心組織碩、博研究生，修改文稿錯别字，規範異體字，調整格式，發現并標明校點中的不妥之處。二、初審文稿。子海編纂中心的編纂人員根據情況，解決初校時發現的問題，并判斷書稿的整體質量。三、匿名評審。

聘請資深教授通審全稿，全面進行學術把關，消滅硬傷，寫出審稿意見。四、修改文稿。子海編纂中心及時把專家審稿意見反饋給整理者。整理者根據審稿意見修改，做出新文稿。五、終審文稿。待新文稿返回子海編纂中心後，總編纂作最後的學術質量把關。五步程序完成後，將文稿交付出版社。

五次校審的目的是爲了保證學術質量，提高整理水平，減少錯訛硬傷。但校書如掃塵埃落葉，隨掃隨有，《精華編》雖經多道程序嚴加把關，仍難免有錯，懇請方家不吝指教。子海編纂中心將及時總結經驗，吸取教訓，把工作做得更好，以實現課題設計的初衷。

世　緯

（明）袁　衷　撰
何朝暉　點校

目　録

整理説明 …… 1

原序 …… 1
卷上 …… 1
　官宗 …… 1
　遴傅 …… 2
　簡輔 …… 3
　降交 …… 5
　誘諫 …… 7
　廣薦 …… 8
　崇儒 …… 9
　貴士 …… 11
　裁閹 …… 12
卷下 …… 15
　汰異 …… 15
　距僞 …… 16
　抑躁 …… 17
　久任 …… 19
　惜爵 …… 20

懲墨 …………………………………………………………… 21
節浮 …………………………………………………………… 23
革奢 …………………………………………………………… 25
正典 …………………………………………………………… 26
實塞 …………………………………………………………… 28
均賦 …………………………………………………………… 30
廣西提學僉事袁君墓志銘 …………………………………… 33
袁夢鯉跋 ……………………………………………………… 36
袁廷檮跋 ……………………………………………………… 37

整理説明

《世緯》，明袁袠撰。袁袠，字永之，别號胥臺山人，南直隸蘇州府吴縣人。生於弘治十五年（1502），卒於嘉靖二十六年（1547），享年 46 歲。袁袠幼穎悟，5 歲知書，7 歲即能賦詩。15 歲起參加應天鄉試，連遭不利。直至嘉靖四年（1525）24 歲時，一舉以解元高中。次年赴京會試，卷落新晋翰林學士張璁之手。張璁見卷奇之，欲置諸榜首。張璁在嘉靖“大禮議”中因曲意逢迎世宗而得寵，爲群臣所不齒。同考諸官故忤張璁之意，將此卷抑置二甲第一。發榜後，張璁見到袁袠，告以原委，欲加以籠絡。袁袠不爲所動，既不應答，也不道謝，由此結怨於張。袁袠登第後入翰林院爲庶吉士，躊躇滿志，慨然以董仲舒、賈誼自許。隨後，張璁拜禮部尚書兼文淵閣大學士入參機務，藉機打擊翰林院異己，諸庶吉士皆罷爲庶僚，袁袠遂出爲刑部主事。其間曾出主河南鄉試，時稱校閲精審，選拔得人。不久改任兵部武選司主事。恰遇兵部失火，袁袠負有徼巡失警之責，據法當改調他官。但張璁再次藉機打擊報復，授意獄吏對袁袠拷掠逼供，羅織罪名，誣以縱火。案子最終不了了之，同案諸官皆調任，唯獨袁袠編戍湖州千户所。後遇赦，歸鄉里居。嘉靖十八年（1539）張璁死，袁袠方得以起復爲南京兵部武選司主事。後升任職方司員外郎，又調任廣西按察司提學僉事。致仕歸里，不久卒於鄉，文徵明爲他撰寫了墓志銘。

袁氏一族自明初以來世居吴中，雖家資富厚，也曾偶獲一官半職，然於科名藝文，幾無可稱。直到袁袠這一代，"袁氏六俊"脱穎而出，才使袁氏一躍而成爲當地的"文獻之族"。"六俊"指的是袁袠及其胞兄袁表、袁褧、袁褒，以及從兄袁衮、從弟袁裘。其中以袁袠最爲突出。袁袠率先折桂於應天鄉試，又以二甲第一高中進士。除袁袠之外，"六俊"中只有袁衮於嘉靖十七年(1538)中過進士，官至禮部員外郎。其餘"四俊"各以文藝、義行擅名。袁褧是明中期著名的刻書家，編刊《金聲玉振集》及影刻宋本《世説新語》和《文選》。袁袠之子尊尼字魯望，嘉靖四十四年(1565)進士，官至山東提學副使，亦有文名，有《魯望集》傳世。此後袁氏一門之傑出者，還有明末清初的戲曲家袁于令，清中期的著名藏書家五硯樓主袁廷檮等。

袁袠著述頗豐，有《胥臺集》(又作《袁永之集》)二十卷、《皇明獻實》二十卷、《吴中先賢傳》十卷、《世緯》、《歲時記》及《周禮直解》等。

《世緯》是袁袠在廣西提學僉事任上所寫的一部針砭時弊之作。袁袠所處的明代中葉，内有宦官亂政、佞臣專權，外有南倭、北虜的侵擾，政治和社會上的各種矛盾和問題不斷顯露出來。作爲一位有識之士，袁袠面對明王朝弊竇叢生、内憂外患的局面，對各種问题逐一加以剖析，提出自己的見解和主張。此時的袁袠正值中年，遭受權臣迫害，多年宦海沉浮，以及在中央和地方多個部門任職的經歷，使他對統治集團内部的問題和民生疾苦有着比較深刻的體認，因而《世緯》絶非一般的空疏泛泛之論，其中有不少真知灼見，對於我們了解明代中期的政治、社會狀況很有幫助。文徵明説《世緯》"皆鑿鑿乎經世之論"（《廣西提學僉事袁君墓志銘》）。《四庫全書總目》説該書"其言皆指陳無隱，切中時弊。雖立説不免過激，而憂時感事，發憤著書，亦賈誼痛哭之流亞也"。都是中肯的評價。袁袠爲文富有文采，議論風發，辯才無閡，這在《世緯》中也有很好的體現，其中的各節可以作爲短小精悍、詞鋒犀利的政論文來欣賞。

"官宗"、"遴傅"兩節，剖析了明代的宗室問題。明初朱元璋分封諸子於各地，各擁重兵，拱衛京師。迨太祖死後，終成尾大不掉之勢，釀成靖難之役。朱棣以藩王入繼大統後，極力削奪藩王宗室的權力，以消除對皇權的威脅，藩王不僅被剥奪了軍權，還被禁止入仕問政。從此明代宗室完全成了一個寄生階層，依賴國家的供養。明代中期以後，宗室生齒日繁，消耗了國家的大量財力，同時宗室成員"歲禄有限，分析微弱，下同氓隸，賢愚壅閼，莫能自效。分地則不足，益禄則無給，干法罹禁者紛紛是也"，造成了嚴重的宗室問題。與此相聯繫，輔佐藩王的王府官員在仕途上受到歧視，"終其身弗齒於有司。銓衡者必闒茸則授之，耄昏則置之，而其人亦且絶望於通顯，苟利其禄耳矣"。宗室無所事事，王府官進取無望，成爲明代一個潛在的社會不穩定因素。明代發生的幾次藩王叛亂，不能不説與明朝宗室政策的弊端有關。

"降交"、"貴士"兩部分，則反映了明代的君臣關係。太祖立國後，誅殺大批功臣，屢興文字獄，廢除掣肘皇權的宰相制度，以剥皮實草等嚴酷手段懲治貪腐的官吏，確立了皇帝對於文武百官的絶對權威。如果説宋代皇帝還能"與士大夫共天下”，到了明代，士大夫在皇帝面前已形同僕隸。皇帝不厭其煩、疊床架屋地設置了錦衣衛、東廠、西廠、内行廠等特務機關以嚴密偵伺士大夫的言行，動輒加以拘禁榜掠，箠楚慘毒，死於詔獄者不勝枚舉。明代皇帝在鉗制、彈壓士大夫方面，最登峰造極的是在朝堂之上當衆打大臣板子的“廷杖”制度，士大夫可謂顔面喪盡，斯文掃地。在權臣張璁藉以發迹的嘉靖“大禮議”事件中，群臣受杖者達 180 多人，斃於杖下者 16 人。袁袠希望皇帝能夠改變對士大夫的疏遠、淩迫，放下身段，親近、尊崇士大夫。在明清皇權強化的情勢下，這只不過是他的一厢情願罷了。

袁袠對明代中期官僚制度存在的諸多問題，提出了自己的看法和主張。在“簡輔”一節中，他指出了明代内閣制度的弊病。内閣制度是宰相制度廢除後建立起來的一種新的輔政制度。起初各部門有才望者，皆得簡入内閣參與機務。到明中葉，漸重資格，形成“非進士不入翰林，非翰林不入内閣”的局面，不少有實際才幹的人因爲非翰林出身而無法入閣。袁袠提出打破資格限制，以才德用人的主張。“廣薦”一節同樣揭示了明代中期以後，一味偏重科第，而忽略其他用人途徑的弊病。明初在用人上進士、舉貢、吏員“三途並用”。其後乃僅以進士出身爲“正途”，其餘皆目爲“雜流”。然而科舉所取之士，往往缺乏實際的政治才能，“采浮華而遺行實，習經義而闇時務，判不知律，策不通今，掇拾剽竊，以徼有司”。爲此袁袠提出行薦舉、制科之法，不拘一格網羅人才。“抑躁”、“久任”、“惜爵”諸節，對明代中葉官場風氣的敗壞進行了抨擊。明朝政府曾爲解一時的燃眉之急，偶開鬻爵之例，此後卻一發不可收拾，漸成常態。所造成的弊病，一是入仕待選之人增多,爲疏通壅滯,不得不縮短官員的任期,以致官員心態浮躁,只圖速遷,不能安心政事。"遷轉既速,則罷黜亦易,賢愚莫分,略不愛惜",官場風氣漸趨惡濁。更爲嚴重的是,買官者爲了收回成本,肆意貪贓枉法,加劇了吏治腐敗。"今天下之凋敝,其最者莫若贓吏,而吏之犯贓者多出於小官,自丞簿以至雜流,其不貪者蓋百之一二焉,是皆入錢以鬻爵者也"。在"懲墨"一節中,袁袠鞭辟入裏地指出,官吏貪贓的兩個重要原因是冗員過多、俸禄太薄,同時對貪官的懲治太寬鬆,起不到警示作用,主張重典治貪。這些分析都是很有見地的。

"汰異"、"距僞"兩節,反映了明代中期社會思潮的重要變化。楊、墨、佛、老等思想盛行起來,動摇了儒家在意識形態的統治地位。"世儒支離,溺口耳之學,昧教化之原,知佛老之害,而甘心沈溺其中,以清淨爲宗,以虚無爲本,以慈悲爲教,以寂寞爲歸。棄綱常,蔑禮法,隳政事,敗五等之倫,廢四民之業"。"翕翕訿訿,如沸如狂,創書院以聚徒,而黌校幾廢;著語録以惑世,而經史不講。學士薄舉業而弗習,縉紳棄官守而弗務,以静坐爲存養,以詩歌爲禮樂,互相標榜,私立門户,以希終南之捷"。這些記述是研究明代社會文化史的重要資料。

在"裁閹"一節中,我們看到了作者對明代宦官專權的分析;在"節浮"中,揭示了大量冗員、冗費給明朝造成的沉重財政負擔;在"正典"中,明代中葉邊軍軍紀廢弛的情况觸目驚心;在"實塞"中,明初以來推行的以屯田、開中實邊的政策難以爲繼的狀况令人憂慮;在"均賦"中,作者爲解決江南蘇、松二府賦税負擔沉重的問題貢獻了自己的方案。《世緯》爲我們展現了一幅幅關於明代中期政治、社會狀况的豐富圖景。

《世緯》最初僅以稿本形式流傳。清乾隆詔修《四庫全書》，江蘇巡撫采進之，遂收入《四庫全書》。據《知不足齋叢書》本袁廷檮跋，當時《世緯》在袁家已失傳，袁廷檮閲《四庫全書簡明目録》發現此書，乃設法從四庫館録出一部，付鮑廷博，於乾隆五十七年(1792)刻入《知不足齋叢書》第十五集。

儘管根據袁廷檮的説法，《知不足齋叢書》本由《四庫全書》本而來，然對校兩本(後者取文淵閣本)，前者似更爲接近原作面貌。首先，袁袠在《世緯》中以相當的篇幅討論了明朝的北部邊防形勢，多處涉及敏感的"華夷之辨"。在這些地方，兩個本子差異明顯。"裁閹"一節，《知不足齋叢書》本"潛通酋虜"，《四庫全書》本作"潛通外國"。"節浮"一節，前者爲"逃之塞外"，後者作"逃而之敵"。"革奢"一節，前者爲"昏娶有同夷狄"，後者作"昏娶動逾古制"。"正典"一節，前者文中之"寇"字，後者則作"兵"、"北兵"、"彼"、"敵"；"虜"字作"敵"；"夷"字作"部"；"酋豪"作"敵國"。"實塞"一節，"寇"、"虜"皆作"敵"。顯然，《四庫全書》本經過了館臣的"政治加工"。其次，一些北方少數民族部族名和地名，《知不足齋叢書》本保留了明朝的習慣稱呼，《四庫全書》本則多使用清人慣用的稱謂。"正典"一節，前者爲"吉囊"、"俺答"、"阿不孩"、"瓦剌"、"兀良哈"，后者作"濟農"、"諳達"、"阿布該"、"衛拉特"、"烏梁海"。再者，有些地方《四庫全書》有明顯的脱誤，《知不足齋叢書》本則無。如"崇儒"一節，《知不足齋叢書》本"今縱不能得人如宋胡瑗"一句，《四庫全書》本無"瑗"字，不通；"節浮"一節，《知不足齋叢書》本"師旅數興，其最甚者……"，《四庫全書》本無"甚"字，也是前者更爲通順。

基於上述種種，是否可以作這樣的推測：袁廷檮請人從四庫館中據以録副的，並不是《四庫全書》改定後的本子，而是江蘇巡撫所采進之原本。總之兩相比較，《知不足齋叢書》本無疑更接近袁袠的原作。有鑑於此，本次整理工作即以《知不足齋叢書》本爲底本，以《四庫全書》本爲校本進行。文徵明所撰墓志銘、袁夢鯉跋、袁廷檮跋皆出自《知不足齋叢書》本，《四庫全書》本無。

爲方便讀者閲讀，對原書目録略作調整，特此説明。任利榮、陳瑋參加了部分點校工作。

原　序

昔孔子謂："我欲載之空言，不如見諸行事之深切著明也。"悲夫！古之人苟懷抱材德者，曷嘗不欲匡依明聖，興立事業者哉？而卒託之空言，命也。是以君子進則勒洪伐於鍾彝，退則修遺文於方册，身雖不得躬行其道，文之所垂亦足以自見，而爲法於將來。周秦而下，善言治理者莫如賈誼，其次則王通、陸贄，又其次則蘇軾。王通《太平十二策》，亡逸莫考，我欲觀唐宋之事，舍陸、蘇何適矣？夫欲考往而知來者，惡可無空言哉？是《世緯》之所由作也。

客曰："古之立辭者，不得志則爲之。故屈平放而賦騷，虞卿窮而著書。今聖人在位，材傑進趨，言行計從，《世緯》之作何也？"袁子曰："否，非是之謂也。夫高居而逖聽者，天子之職也；敘官而詔禄者，大臣之業也；程功而累勞者，百司之分也；博稽而廣議者，衆士之慮也。古者庶人工商，有謗有諫，而況於士乎？袠也嘗從大夫之後矣！"官守有恒，言責無與，未嘗得排閶闔之門，趨文石之陛，一攄其愚。徒以強壯之年，嬰狗馬之疾，一旦恐溘先朝露，非託筆劄何以自見。《世緯》凡二十篇，語多刺譏，且闊於事情，亦知其枘鑿異用，竽瑟殊好,空言無益,衹增多口。有志於應世者,亦矜其狂愚,采其可用者云爾。吴縣袁袠序。[①]

① "吴縣袁袠序"五字,據《四庫全書》本補。

卷上

官宗

夫宗室日蕃而禄不給，何也？封建之法壞，而仕宦之途絶也。

昔在周室，並建諸侯，同姓封者什七，異姓封者什三，各治其國，以蕃王室。入爲公孤，出爲牧伯，親疏相制，外内聯絡，卒賴其力，享祚長久。秦壞周法，疏忌骨肉，闕翦枝葉，二世陵遲，蕩然亡衛。漢興，鑑秦覆轍，損益周制，雖有七國之變，而莽、操之際，猶賴宗室衆強，南頓、中山之後奮起，徒步光復大業，此則親親之明驗也。唐宋，封建之法廢，而仕宦之途猶足以救其末流，侯王將相，布列中外，是以本根不蹶，而枝葉扶疏，卒受其蔭。

我明草創，高皇帝鑑周漢之所以得，懲孤秦之所以失，宗子分王裂地而封，犬牙磐石，崇其位號，安享禄給，不任以事。内銷七國之變，而外聳維城之固。歲朝京師，宴賞有度。十王有舍，宗人有府。詩書禮樂，炳焉可述；仕進之途，禁防未設。逮及文皇帝，稍稍攝以文法，朝覲之典不行，仕宦之途以塞。生者日衆，而歲禄有限，分析微弱，下同氓隸，賢愚壅閼，莫能自效。分地則不足，益禄則無給，干法罹禁者紛紛是也。

而議者乃謂“宗室不仕，高皇之法”，此特未之深考耳。

古之哲王，莫不以親親爲先務。故《詩》曰：“宗子維城。”又曰：“無俾城壞。”曹魏竊命，忽棄遠謀，忌嫉陳思，親賢弗用，大權下授，阼移司馬。《詩》曰：“本實先撥。”此之謂也。譬之縣黎結緑之珍，連城夜光之寶，委之他人，固弗若遺之子姓之愈也。是故，固本者莫若親親，親親者莫若崇賢。崇賢之術，在責之保傅，而升其俊秀者於鄉學，三歲而簡之，升之於國學，而試之於鄉，試之於大宗伯，登之於天子，隨材以官之，詔德以禄之。賢者進，不肖者絀，而考課之法、黜陟之典與疏遠者等。則忠勤之心生，而奸逆之節泯。且仕者有禄，則歲禄足；不仕者有教，則刑法省。施親親之名，而享賢賢之利，則何弗爲也？

遴傅

考之《皇明祖訓》，凡親王子孫，才堪出仕者，宗人令具以名聞，授任後，俱如常選法，此高皇帝意也。夫宗室之才者，得仕於朝矣。而儀賓、長史等官，乃不得爲京朝官，此豈祖宗法哉！宣德間，有旨：“漢府親戚，不許選官。”蓋止爲漢府設也。弘治初，[1]布政雍泰，連姻秦府，得爲宣府都御史。國初，楊士奇以審理副，入爲翰林編修；周忱以長史，累官尚書。弘治間，雷霖以德府長史，升提學副使。此其證也。夫連姻宗室者，不得爲京朝官，故衣冠之族與宗室婚者鮮矣；官王府者，不得爲京朝官，故傅相率不肖矣。此非細故也。

---

①“弘”，原缺末筆，避清乾隆帝諱。徑改，下同。

今之傅王者，率老死王國，終其身弗齒於有司。銓衡者必闒茸則授之，耄昏則置之，而其人亦且絶望於通顯，苟利其禄耳矣。是棄之也！欲宗室之循法軌，遵理道，而乃以闒茸、耄昏者傅之，甚亡謂也。漢法，官王府者，必慎簡其人，如董仲舒之於江都，賈誼之於長沙，田叔之於梁，申公之於楚，王吉之於昌邑。諫諍論議，斐然可述。雖有邪心逆節，而猶存畏憚之意。今諸侯王，皆血氣壯強，而不爲置賢師傅，此教之亂也。是故高煦反於漢，寘鐇反於安化，宸濠反於南昌，此非傅相官京朝之患也，置傅相不得其人也。

欲宗室之賢，莫若遴選傅相，而訓之以禮義。擇京朝官之有行誼者，則爲之；博通古今，明當世之務者，則爲之。考其殿最，均其勞逸，出爲傅相，入爲公卿，略如漢法，以不失祖宗之意。是官傅相者，有仲舒、賈生之稱，而宗室獲河間、東平之譽。維城永固，而尾大之患自銷也。

簡輔

夫内閣者，即今之宰相也。是天子之所與承天地、理陰陽、和萬物、撫四夷者也，而徒取充位之人，甚亡謂也。

《書》曰："官不必備，惟其人。"蓋言有其人則官之，無其人則虚焉。三代以前，率用此道。秦始置丞相，專任李斯。漢以下置相，多非其人。蕭、曹、丙、魏，房、杜、姚、宋，隨時立業，固未有熙載代工，弘格心之道者也。

高皇帝深慮遠算，因胡、李之敗，鑑蒙古之失，①博稽往

① "蒙古"，《四庫全書》本作"元季"。

籍，略仿周制，革丞相，而置六部。公孤之官，不輕畀人。忠勛如劉基，親敬如宋濂，終其身弗以授也。文皇嗣統，妙簡英哲，於時解縉、楊士奇等七人入直内閣，備顧問、代王言而已。洪熙以來，爵予稍輕，然當時兼保傅者，三楊、蹇、夏、黄福、錢山之外，無聞焉。景、順之後，保傅滿朝，而師尹多辟矣，何則？

祖宗朝，凡才望者，皆得入參機務。如黄子澄，則以太常少卿入；薛瑄，則以大理少卿入；李賢，則以吏部侍郎入。而今，則非翰林不入内閣矣。祖宗朝，凡才望者，皆得入翰林，如宋訥，則以助教入；胡儼，則以知縣入；楊士奇，則以審理副入；周是脩，則以紀善入；劉球，則以儀制主事入。而今，則非及第庶吉士不入翰林矣。夫及第者，徼一日之長，其所對策多浮泛掇拾，務詭時好，稍觸忌諱，即抑置下甲。間有以直言及第，如羅倫、舒芬之徒，復流落不偶，壹鬱以死。而庶吉士之選，尤多徇私，不協輿望。其選也，必權貴之私人乃得與焉；其留也，亦必權貴之私人乃得與焉。凡材識修潔之士，悉擯弗用。啓僥幸之門，開奔走之路，莫此爲甚。文皇帝儲材論相之意，蕩無遺矣。方其未得志也，則惟權貴之門是趨，擠排同列，不顧廉恥；其既得志也，則養驕安禄，積日累月，坐致高顯；爵位已極，則患得患失，無所不至。六曹之務，進退可否，必咨而後行。蓋有天子不知，而内閣先聞者矣。上蒙下蔽，作威作福，可不畏哉！

故議者以爲，今之内閣，無丞相之名，而有丞相之實，殊非高皇帝不立丞相之本意也，必革之而後可以爲理。噫，是因噎以廢食、懲覆而棄舟也！權之所寄，不在此則在彼，苟得其人，何患弗理？如其材也，則置之翰林，不必其及第庶吉士也；如其材也，則登之内閣，不必其翰林也。凡及第者，必直言是取，務采輿望焉；庶吉士之選，必端良者是留，務采輿望焉。破拘攣之陋格，塞請託之私穴。官内閣者，必極天下之選。而公孤之尊，弗以輕授。兼收並用，以復祖宗之故事，庶乎其得人也。

降交

秦制，尊君卑臣，百官非奉詔不得上殿，視其君如天神。然漢興，稍變秦制，百官得召見論事，面折庭爭，止輦以受言，臨軒以策士。前席之問，拊髀之嘆，雖疏遠小臣，得與天子相唯諾，蓋猶有先王之風焉。唐之貞觀、開元，宋之慶曆，①莫不親賢禮下，大臣有賜坐之儀、造膝之請，諫官有入閣議事、對仗讀彈文之典，君臣之交藹如也。

明興，金華數子，贊襄獻替，分雖君臣，而情猶父子。乃後復簡楊士奇等七人，以備顧問。下至牧守，咸賜召見，不獨察其器能，且得問民疾苦，周知情僞。觀其君臣同游之歌，亦曩時《卷阿》、宴鎬之盛也。文皇、仁、宣，待下有禮，三楊、蹇、夏日侍帷幄，射奡西苑，飲酒極歡，賞花賦詩，雍容可想。天順間，李賢、王翱，親信寵任，事關機務，面決可否。孝廟勵精，寤寐英哲，尊禮元老，數開文華，講求政理，平台暖閣，不時燕見。大學士劉健、謝遷、李東陽等，呼以先生，弗名也。六曹之長，皆民譽也。華容劉公，晝日三接，訏謨密議，左右莫聞，君臣一心，虞廷之都俞，何以過此。

① “曆”，原作“歷”，避清乾隆帝諱。徑改，下同。

今天子神聖，削資格而弗拘，拔奇材於不次，一言當意，立躋華要，士有起家六七年而秉鈞軸，斯亦巖渭非常之遭也。亦嘗數御便殿，延見二三大臣矣；亦嘗改容禮貌，宴賞賡歌矣。然延見有時，不數語而退。天威咫尺，分嚴堂陛，六曹之長，臺諫之司，文學侍從之官，咸不得與。敬大之禮已渥，而下交之情未通，流俗之見未能深識。不曰天子過勞，則曰大臣畏議己者。噫！爲斯言者，非愚即諂也。人之恒情，逸則思欲，欲則驕縱之心生；勞則思艱，艱則兢業之懷切。安危理亂，鮮不由斯。故《書》曰："無教逸欲有邦。"程頤有言："接賢士大夫之時多，親宦官宫妾之時少，則可以涵養氣質，而薰陶德性。"甚矣，古人之愛其君也！今不思逸欲之喪邦，而徒慮憂勤之勞其君，是非真能好君者也。夫大臣者，天子所與燮調者也；臺諫者，獻替者也；文學侍從之官，論思啓沃者也；皆天子所親信者也。大臣論道於前，則臺諫拾遺於後，而文學侍從之臣得以引經而對，據禮而議，面相詰難，不出一堂。雖有讒説，弗行也。且以大臣而畏人之議己，將焉用彼相哉？故曰：爲斯言者，非愚即諂也。

誠使國有大事，天子召大臣者面計之，而大臣亦得以其事請見。文學之臣輪對，以備顧問。而官臺諫者，許入閣以議。從容賜坐，務盡所言，謀無遺慮，動無過舉，政體之得失以盡，而群臣之心術見矣。其經筵日講，必妙選端良忠讜，明於經術者爲之。講章之進，要在剖析經旨，切劘政理，削浮泛之剿説，黜諂諛之故習。有疑焉，必辨問折衷，歸諸至當而後已。而外之方岳、守令，於其來朝也，特召數人焉，賜之清問，以觀其材識，凡閭閻之情僞利病，悉周知之。上自親信以逮疏賤，若元氣之周流於一身，流通聯屬，無復間隔。嘉猷入告而讜言上聞，壅蔽之患銷，而太和之休應。《易》曰："上下交而其志同。"此之謂也。

誘諫

《書》曰："臣下不匡，其刑墨。"《傳》曰："興王賞諫臣。"夫言路之通塞，國家之安危繫焉。言者賞，不言者罰，則言路何患乎弗通。古之哲王，矇瞍有誦，工瞽有規，立進善之旌，設誹謗之木，患危言之弗我聞，弗患言者之過訐也。古之忠臣批龍鱗，嘗虎口，剖心而不悔，烹鼎而不懾，患吾言之弗直，弗患聽言者之不我從也。三代以降，諫納者莫如唐太宗，敢諫者莫如魏徵。善乎，太宗之作帝範也！有曰："大臣懷禄而莫諫，小臣畏罪而不言。"夫有國家者，使人懷禄畏罪，而忠言不聞，亡無日矣！

我明稽古建官，而特重臺諫之選，給事主封駁，御史專糾彈，士有材望者乃得與選。而且許風聞言事，言雖不實弗罪也。是以士希折檻之風，人慕引裾之節，竄逐甫去，而章疏繼陳。如英皇之北狩，武廟之南巡，伏闕死諫者踵接於朝。是以王、曹濁亂於前，錢、江簸弄於後，咸包藏禍心，謀爲不軌，卒賴敢言之士發覺其姦，得以亡敗，此則諫諍之明效也。

夫人主莫不願治而惡亂，然順心則喜，逆耳則怒；人臣莫不慕忠而羞佞，然嘉奬則言，震怒則默，人情然也。是故上有容言之主，則下有敢言之臣；上有危亡之諱，則下多依違之辭。故世不患無魏徵之敢諫，而患無唐宗之容言。[1] 誠使言

① "唐"，《四庫全書》本作"太"。

者賞，不言者罰；言之善者則施行之，不善者亦優容之；溫顏以來之，霽威以下之；弛諱忌之禁，寬指斥之誅；不以順逆爲喜怒，不以喜怒爲刑賞，聽言者有文皇之明，則進言者多魏徵之直矣。

廣薦

夫鄉舉里選，所以敦行誼也；安車束帛，所以搜遺逸也。漢興，去古未遠，興廉舉孝，數詔有司，而四皓之招，申公之迎，嚴光、周黨之聘，猶足以勵士風而端教本。自科目之制興，而弓旌之招廢，士習之卑，日以污陋。

國初，取士之塗甚廣，而刑新之典亦嚴，士皆避匿不樂仕進，故設科無定額，而由薦舉進者頗多。高皇帝初下金陵，首開禮賢之館，劉基、宋濂、葉琛、王褘、陶安、章溢數子者，皆抱王佐之器、命世之材，奮起風雲，志存竹帛，雍雍乎亦曩時稷禼之亞、王魏之倫也。宣德以還，禁防漸弛，風雅浸微，請託繁滋，苞苴競進，薦舉者多非其人。而吏員任子，咸處雜流，譽髦之選，一歸科目，勢之所重，不得不然。何則？糊名易書，拔十得五，網羅低昂，鮮有遺者。法出乎畫一，而事存乎至公，誠不易之令軌也。然而科目所得，采浮華而遺行實，習經義而闇時務，判不知律，策不通今，掇拾剽竊，以徼有司。童之所習，壯之所試，不出章句，陋亦甚矣！是以當官涖事，往往碌碌，間有卓犖瑰瑋、脱穎軼塵、不爲俗學所困者，亦千伯之一二耳。風頹而不可止，俗恬而不知怪，此有識者之所爲痛惜也！

夫科貢足以得經學之士矣，而孝弟力田、獨行者，非薦舉不進。薦舉足以得行誼之士矣，而宏詞博學、明習政務、識達治體者，非制科弗庸。今當事者，皆因陋就簡，以爲經制既定，安用取高皇帝約束，妄紛更爲？曾不知薦舉之典，固高皇帝法也，今不思廢墜之當修，而徒慮紛更之無益，不恤科目之未盡出於公，而徒病薦舉之多私，以是而欲求異材，收實用，吾見士習日卑，而教化益衰也！

故欲士敦實行，莫若修薦舉；欲士通世務，莫若增制科。制科之法，或五歲一舉焉，或三歲一舉焉。詔天下之士，凡習知錢穀、甲兵、水利、邊務，以至天文、律曆、書算、詩賦、技藝，咸得以所長自售而登進之，因能以授官，使專於其職。而薦舉之法，則責之撫按藩臬，或一郡一人焉，或一省一人焉。其謬舉弗勝任者，則臺諫得以糾正，公卿得以論駁，甚者，則罷職弗叙。其蔽而弗舉者，亦如之。如是，則薦舉足以搜遺逸，制科足以羅異材，而科貢所得明於經術者，兼而用之，均其殿最，甄其賢不肖。如此，則取士之途廣，而士無遺材；責實之政成，而人無飾行，士習可振而政理足觀矣。

崇儒

夫黌校者，俊秀之關也。師儒者，士民之表也。是風化之所自出也，賢才之所由進也，而俗吏忽之。蓋自黨庠、遂序之制壞，而鄉舉、里選之意微，哲王之彝典既隳，而人材亦浸不如古矣！

明興，嘉尚儒術，敦崇教本，鄉社有學，郡縣有庠，即黨遂之規也。成均有師，國子有教，即辟雍之遺也。賢良有薦，耆逸有徵，即選造之風也。① 官祭酒者，前有宋訥、胡儼之儀軌，後有李時勉、陳敬宗之剛嚴。督學者，則陳選擅其聲。司訓者，則魏驥揚其美。身教克修，師道卓立。弘治以前，人才可觀。自青衿之刺興，而蔬圃之嘆作。内之成均，循資計禄，苟取充位；外之鄉學，官卑禄薄，闒茸耄昏。俗所賢者，亦不過送迎以爲能，升散以爲職耳。蒙師里社，尤爲無益，弦誦滅息，教化陵遲，人才士習，愈趨愈下。

董生有言："養士莫大乎太學。"今縱不能得人如宋胡瑗，亦宜妙選天下之剛嚴端重、可爲人師者以居之，不必其翰林也。督學之官，國初未有也。正統間，黄福建議，始設此官。賜以璽書，許以言事，且令御史、藩臬，毋有所侵越，權至重也。今之官此者，多以他塗得之，進不以正，心乎患失，且畏御史之刺劾也。惟言是聽，侵撓不已，事權移奪，無復璽書之意。然則提督之任，即付之御史足矣，安用此紛紛爲邪？今宜精簡其人，專責久任，申敕御史毋或侵撓，有不如敕者，許督學者得以上聞，庶事權不分而體統畫一矣。其司鄉學者，凡府之教授，州之學正，縣之教諭，必以進士，而訓導則以鄉舉歲貢者参焉。增其禄秩，優其禮待，其卓異者，有翰林臺諫之選，而歲貢之例必嚴爲之禁。其年耄昏及闇於經術者，毋得濫貢，貢則督學者連坐焉。而又妙選弟子員之經明行修者，以主里社。如此，則黨庠、遂序興，而茂材異等出矣。

① "造"，《四庫全書》本作"舉"。

貴士

夫爵禄以勸功能，刑威以懲姦慝，二者馭世之大防也。然爵濫則士競進，而恬退之風微；刑繁則士苟免，而廉恥之道喪。《記》曰："刑不上大夫。"此言士可殺而不可辱也。

秦漢以來，士也日賤。李斯相也，具五刑；蕭何侯也，縛縲絏。勛如絛、絳，材如遷、向，幽囚械繫，宫腐髠鉗，辱已甚矣！王莽之篡，群臣咸頌功德以美新，死忠徇國者遂無一人，賈生之言亦略驗矣。光武中興，矯枉過直，奬高節，禮逸民。東都之季，黨錮益嚴，而忠節愈勵，士皆駢首就戮以扶漢鼎。暨乎宋祖，以忠厚立國，以廉恥養士，及其亡也，文、陸、張、謝之徒，蹈東海而不悔，戮燕市而不挫。由此言之，士何負於國哉！

我國家刑新甚嚴，而養士有禮。罹大辟者，有三覆之規；犯嚴科者，有八議之典。非法不刑，酷吏有禁。百七十年，司刑者懷于、張之平恕，而恥湯、周之刻深，有有功之矜恤，而無羅吉之苛虐，慎刑貴士，蔑以加矣。然而畫一之律有定，而多門之政頗繁。士之作姦犯科者，付之刑部、都察院，評之大理寺。輕重之弗衷者，刑科又得駁正之，亦已足矣。今乃下之錦衣衛，幽之鎮撫司，緝之東廠，捕之校尉。夫錦衣，親軍也；鎮撫，武弁也；東廠，中官也；校尉，則卒隸也。以介胄之夫，而侵刀筆之吏；以閹腐奴僕之賤，而司執縛討捕之權。假狼虎之威，以濟其溪壑之欲。賂多則削重以爲輕，賂少則誣虛以爲實。事干宫禁，言觸諱忌者，必嚴刑以報怨，絶命以滅口。察意向以爲低昂，伺喜怒以爲出入。其死於榜掠者，不可勝紀。如劉球、鍾同之徒，身殘尸毁，遂使懷忠者憤激而不平，畏死者怯懦而不敢銷剛直之心，沮浩然之氣，士風陵遲，其所由來者漸矣！

凡獄之經廠衛者，則司寇不敢詰，廷尉不敢駁，刑科不敢糾。間有執法之吏，翻異成案，如薛瑄、丁哲，禍幾不測，司刑者相引以爲戒。然則國家奚賴焉？夫鎮撫、東廠，朝廷之所親信也，故以大獄付焉。然稽之往牒，未聞其據經守法，有釋之、定國之賢也；未聞其發姦擿伏，有張敞、廣漢之能也。馬順、門達、汪直、錢寧，作威作福，覆車踵接，爲世大戮。今不信士大夫之心，而寄耳目於爪牙介胄之士；疑公卿之私，而任腹心於閹腐奴隸之賤。獄賂繁滋，而威權移奪，怨歸於上，而利專於下。以法守則侵官，以典章則破律，乖畫一之規，而啓多門之弊。其尤甚者，則官校之捕人於遠方，公求賄賂；廠衛之杖士於闕庭，立斃箠楚。夫事之在遠方者，詔御史捕之足矣，何至紛紛差官校四出乎？束縛窘辱，得賂則生，不賂則死。京朝官之有犯者，下之法司足矣。律當死也，據律以議罪，殺之可也，何至令官校杖之闕庭，横尸以出乎？以聖明之朝，而執縛加於衣冠，榜笞施於卿士，恐非所以養士大夫之廉恥而尊朝廷也。

是故欲士之死忠徇節，莫若養其廉恥；欲朝廷之尊安，莫若愛養臣下。其有罪也，一付之法司，而廠衛弗與焉。如法司之破律舞文，而市恩以立黨，故出入人者，必以法治之。則士之寡廉鮮恥者，皆懷死忠徇節之報矣。

裁閹

《周禮》："閽人，王宫每門四人，囿游亦如之。寺人，王之正内五人。内竪，倍寺人之數。”若此其簡也。司昏晨，以時啓閉。守門囿、御苑、正内、路寢，給使令而已，未聞授以政也。故周之盛時，未聞有宦寺之禍也。巷伯孟子，《詩》《書》所稱。暨乎伊戾禍宋，寺貂亂齊，趙高亡秦，石顯敗漢，①而刑人之禍不可説也。桓、靈之季，王甫、曹節、侯覽等，瀆亂國經，操斷威福，廢立擅權，高下在心，禁錮忠賢，誅夷陳、竇，宫闈流血，大盜蜂起，自古刑人之禍，未有若此極者也。唐之中葉，覆車靡監，高力士、魚朝恩、李輔國、程元振，肇釁孽於前；仇士良、王守澄、田令孜，崇厲階於後，衣冠駢戮，道路横尸。甘露之變，獨柳之禍，言之喪氣，較之東京尤爲慘烈！而世主不悟，寄以腹心，優其寵禄。童貫之徒，卒以亡宋。喪亂相尋，靡有寧已。

我太祖高皇帝，洞覽古事，深鑑前失，監局之官，不得過四品，掌宫禁、備灑掃而已。宣、統以來，優假稍過，威福漸移，王振、喜寧諸閹，權勢隆赫，凶焰薰灼，潛通酋虜，②謀危社稷。遂使英王北狩，③幾致永嘉、靖康之禍，猶賴王竑之徒，危言正色，借劍尚方，廷捽馬順，以銷肘腋之變。壯矣哉！固足以遠紓陳、竇之憤，近雪鍾、劉之冤矣。然而吉祥構逆，外連亨、彪，事發倉猝，危而後濟。憲、孝兩朝，汪直、李廣表裏爲姦，所幸朝政清明，不甚害事。暨武皇帝之初年，劉瑾、馬永成等，號爲“八黨”，蠱惑聖心，斥逐元老，洛陽、華容、鈞陽、洪洞諸公，相繼竄殛，巖廊一空。諍臣杜口，直士卷舌，殺戮之威，遍乎縉紳；誅求之慘，毒及甿庶。潛蓄異謀，肆行逆

① “石”，《四庫全書》本作“恭”。
② “酋虜”，《四庫全書》本作“外國”。
③ “王”，《四庫全書》本作“皇”。

迹。向非高廟神靈,武皇獨斷,改玉改物,伊誰禦之?

夫考之古事既如彼,徵之今事又如此,然則興替之原,理亂之迹,斷可識矣。而議者猶謂吕彊之清忠,楊復光之討賊,張承業之存唐,光照史册,①惡可少也。嗟乎!求什一於千伯,亦已難矣!世主不悟,王甫、曹節、仇士良、田令孜等,如彼其多,而欲望吕彊、楊復光、張承業三人者,如此其寡,非甚惑歟?何則?婦寺之性陰很賊戾,②嗜利亡恥,朝夕左右,浸漬易入,甘言柔聲,首鼠兩端,伺察意向,動中所欲,苟非燭以至明,斷以至剛,其不惑溺者鮮矣!

古者,刑人不在君側。《書》曰:"侍御僕從,罔匪正人。"秦漢郎中、謁者,多士人爲之,猶有古意。我國家雖純用寺人,而不得與政事,所以消伏禍,杜危機也。誠使政令予奪,皆天子獨運於上,而心腹耳目寄之忠賢,樞機之務,一切弗與。其在外鎮守、守備、織造等官悉罷弗用,老耄者汰之,很黠者黜之。③嚴閹割之禁,正交通之誅,有缺弗補,有罪弗宥,略如令狐綯之議,以復高皇帝之故事。吾見宫帷肅清,而肘腋亡患也。

① "照",《四庫全書》本作"昭"。

②③ "很",《四庫全書》本作"狠"。

卷下

汰異

昔孔子作《春秋》，以攘夷狄；孟氏談仁義，以闢楊墨；[1] 董生述周孔，以黜管商；韓愈著《原道》，以排佛老。而佛老之害爲尤甚。愈之言曰：孟氏之功，不在禹下。然則愈之功，豈孟氏下乎？世儒支離，溺口耳之學，昧教化之原，知佛老之害，而甘心沈溺其中，以清淨爲宗，以虚無爲本，以慈悲爲教，以寂滅爲歸。[2] 棄綱常，蔑禮法，隳政事，敗五等之倫，廢四民之業。不蠶而衣，不耕而食，不誦讀而仕，不婚姻而配。傷教化，亂彝典，生人之蠹，未有虐於佛老者也。

世之言者，皆以佛、老與吾道并立爲三，以釋迦、老聃與周孔并。噫！是何言歟？是何言歟？民之初生，希希夷夷，顓蒙渾噩，無思無爲。聖人者出，訓以彝倫，式以禮法，威以刑禁，申以命令，而後民知向。方羲、農、堯、舜之世，惡睹所謂釋老者哉？而曰并立爲三，誣亦甚矣！老氏之學，昉於周末；佛氏之言，興乎東漢。周孔之教衰，皇王之道熄，而後異

---

① "楊"，原作"揚"，據《四庫全書》本改。

② "滅"，原作"寞"，據《四庫全書》本改。

説售焉。氓之蚩蚩，不究其本，而倡爲三教之説。噫！斯言也，佛老之徒倡之也，仲尼之徒無道佛老之事者。

然則佛老之教可遂寢歟？曰：奚爲而不可。韓愈之言曰："人其人，火其書，廬其居。"斯寢之之術也。周秦以來，惑老氏者，無如秦皇、漢武；惑佛氏者，無如梁武。① 秦、梁以亡，漢以亂，斯亦足鑑矣。而庸君闇主，②甘心爲之，覆轍相尋，亦可哀矣！高皇帝既定天下，欲遂滅佛老之教，當時諸臣，無傅奕之深識，而襲蕭瑀之庸愚，因循苟簡，漸以滋蔓。周顛仙、張三丰、天眼尊者之徒，妖荒迂誕、怪亂不經。成化以來，繼曉、李孜省輩，恣爲幻惑，百無一驗，伎窮智屈，終膏斧鉞。文成、五利，相繼誅戮，斯亦往事之明驗也。有王者作，焚其廬，火其書，人其人，習老佛之教者，必殺無赦。如此，則異端汰，而庶民興矣。

距僞

《記》曰："天下有道，則行有枝葉；天下無道，則辭有枝葉。"辭之繁者，行之慝也，道之賊也，政之蠹也。周衰，處士横議，楊墨塞路，孟子昌言以距之，③而後人知楊墨之非。唐季，佛老之説横行乎中國，上自天子，下逮甿庶，翕然信之，韓愈《原道》以排之，而後人知佛老之非。

夫楊墨佛老，與吾周孔之道判若黑白，可以惑蠢愚，而不可以欺賢智，故排之也易爲力。今之僞者則不然，其所誦讀

---

① "梁武"，《四庫全書》本作"蕭梁"。
② "庸君闇主"，《四庫全書》本作"或不之察"。
③ "子"，《四庫全書》本作"軻"。

者周孔之詩書也，其所講習者程朱之傳疏也，而其所談者則佛老之糟粕也，其所行者則桀跖之所弗爲也。假道學之美名，以濟其饕餮窮奇之欲；剿聖賢之格言，以文其膚淺繆悠之説。黨同而伐異，尊陸以毁朱。凡其所言者，不出老生之常談，庸人孺子皆知其非，而士之好名利、趨富貴者，方以爲孔孟復出也。翕翕訿訿，如沸如狂，創書院以聚徒，而黌校幾廢；著語録以惑世，而經史不講。學士薄舉業而弗習，縉紳棄官守而弗務，以静坐爲存養，以詩歌爲禮樂，互相標榜，私立門户，以希終南之捷。利合則引援，勢傾則擠軋，吠聲聚臭，牢不可破，似是實非，固不特紫奪朱、鄭亂雅而已。

今聖人御極，大道爲公，而邪説肆起，正學湮蕪，壞人心術，禍慘乎楊墨，災深乎佛老。世無孟、韓，[1]孰能距之？聖天子嘗下明詔，示禁絶矣，而風俗頽敗，株連蒂固，勢莫能止。昔孔子誅少正卯，子産誅鄧析，惡其亂政也。然亦未有詆毁先儒，蔑棄明詔，亂王制，蠱人心，似是實非，如今之僞者也。距之如何？火其書，迸其人，不與同中國，舉文皇之所以罪朱季友者以罪之。庶乎正學明而異端息，邪説不至於誣民矣。

抑躁

今天下之最可憂者，莫甚乎士習之躁競。夫躁競者，進則恬，退者遠，而賢不肖倒植；教化陵夷，風俗壞敗，而淪胥以潰矣。《管子》曰："禮義廉恥，國之四維。四維不張，國乃滅亡。"是豈可不爲之寒心哉？

---

① "孟、韓"，《四庫全書》本作"軻、愈"。

國初取士，先行誼而後辭華，獎純實而鄙浮薄，士皆避匿，不樂仕進。干旌賁乎丘園，[①]束帛加乎巖穴，上下久任，内外均勞，大臣有羔羊之風，小臣懷貂尾之恥。司衡者秉公綽之廉潔，而當官者甘顏駟之沈滯，士風樸醇，猗歟！美矣！自久任之法壞，而速化之弊滋。重内而輕外，惡勞而喜逸，士希清貫，人競要津，牧宰冀臺諫之司，郎署徼翰林之選，視廨宇爲傳舍，剥膏血爲鉤餌。苞苴公行，貨賄晝入，諂諛成風，鑽刺得志，未有如今日者也。惡直醜正，反蒙譏笑，由是清修者淹屈下僚，恬退者肥遁丘壑。而小人比周爲鬼、爲蜮，鴟鴞嘯乎殿廷，蜩螗沸乎宫社，陰凝冰堅，漸不可救，勢之所趨，誰能禦之？

夫司銓者，人物之衡鑑，庶僚之儀表也。其進也，既不以正，則律己也，必不嚴。素望既輕，則人多侮易，而貨賄易入，不五六年超遷美秩，既富且貴，士爭覬覦，奔走權門，以求必得，先後居此者，率以贓敗。以若人而望其低昂賢否，黜陟幽明，譬之責盲者以視遠，必不能矣。此官方之所由污濫，士風之所由壞敗，躁競日繁，而廉恥道銷也。昔鮑宣進，而王氏斂手；楊綰相，而黎幹失色。故表儀立，則人知法式；名器慎，則士修行檢；采純樸，則浮僞屏；崇正直，則回邪遠；擢修潔，則貪濁畏；獎恬退，則躁競消；風俗美，而教化興。四維具張，[②]而國家尊安矣。

---

① "丘"，原缺筆，避孔子諱。徑改，下同。
② "具"，《四庫全書》本作"其"。

久任

漢去古未遠，法制尚簡，吏咸久於其任，如倉氏、庫氏類，[1]以官爲氏，故史稱吏皆老死長子孫，終漢之世多循吏。自久任之法壞，而吏弊滋矣。夫數易長吏，則吏皆循資計日以冀遷，改其所施設，因循苟簡，曾無終歲之計。而繼之者，又好爲紛更，令方行而遽寢，政未成而終罷，[2]下之人皇皇焉，無復法守，而吏胥得并緣爲姦。送故已去，而迎新未來，其代署者，肆爲侵牟，狼貪虎苛，不饜不止。噫！弊亦甚矣！

國初，官皆久任，内而公孤、六卿、臺諫、郎署，外而方岳、牧守、丞簿、掾史，率九載三考而後敘遷。其稱職者，有進秩而無改任，如蹇、夏、三楊、胡濙、周忱諸公，皆專任責成，上下相安，無苟且之意。列聖繼承，守而勿失。自正德以來，閹豎擅命，倖塗旁啓，士希終南之捷，而鄙更生之滯。然清議頗嚴，驟遷速化者，群譏衆訕，不旋踵而罷，久任之法猶未大壞也。自夫鬻爵之例數開，而士之待選於都下者，日以停壅。當衡者欲疏通之，繇是長吏數易，而遷轉無常，外之牧守、丞簿，内之臺諫、郎署，率不滿一考而即敘遷。不如是，則人多缺少，而停壅者益甚。甚者，三載考績，則令丞以下多不察其材否而概罷之，以處待選之士。下既數易，則上必遞遷。曾不數年，内而拜京堂官，外不失爲方岳伯者，往往是矣。遷轉既速，則罷黜亦易，賢愚莫分，略不愛惜，積薪之喻，良可慨歎。上下苟且，日冀月望於禄秩之崇庳、豐薄，而久任之法壞

---

① “庫”，《四庫全書》本作“庾”。

② “終”，《四庫全書》本作“中”。

敗極矣！

今天子明聖，深燭此弊，亦嘗一詔吏部，行久任之法矣。當衡者不考其本，而急急焉救其末流，知停壅者之當疏通，而不知鬻爵之例之當禁；知守令之不可數易，而不知方岳之不可輕黜；知臺諫郎署之當久於其職，而不知公卿之不可易退。故欲行久任之法者，必自大臣始，上不數易，則下不得遞遷，而鬻爵之例必閉絶勿開。凡府之貳倅，邑之令丞，必科貢乃授。如是，則待選者不至於停壅，而當官者莫敢爲苟且，庶績其凝，而九載三考之法可恒矣。

惜爵

《記》曰："大臣法，則小臣廉。"夫大臣者，是民之表也，吏之帥也，天子之所尊信而禮敬者也，秩高而禄且厚矣。是奚所不足，而乃屑屑於小吏之賂遺，甚者視其貨賄之多寡以爲高下，即其有無以爲否臧，是教之貪也。假令小吏一再入賄，却之而弗受，且亟黜焉，則墨者遠矣。是故苞苴行，則碩鼠之風滋；簠簋不飭，則羔羊之節斁。大臣取之小吏，小吏取之民，禁隳而俗敗，上不法而下亡恥，利壅而民日貧，而國之喪亂無日矣！

今天下之凋敝，其最者莫若贓吏，而吏之犯贓者多出於小官，自丞簿以至雜流，其不貪者蓋百之一二焉，是皆入錢以鬻爵者也。方國家用之不足也，①經國者曾不與少知治體者熟計之，而鬻爵之令下矣。其始下令也，以爲是特取之富家

---

① "國"上，《四庫全書》本多一"其"字。

大室而已，民不加賦，而國以足用，是亡傷也，曾不熟計其利之微而害之博也。夫入錢以鬻爵者，皆非有曾、史之行也，皆非有游、夏之藝也，皆非有伯夷之潔也，皆非有卓、魯之政也，是鄉里之所謂白丁也。而一旦偃然使之臨民，法令之弗習也，文字之弗通也，流濁而品卑，監司之弗禮也，胥史之弗畏也。而其人亦無復敘遷之望，闒茸骫骳，嗜利亡厭，視其初之所入於縣官者，必數倍而後止。國之所得者亡幾，而民之所損者亡算，害博而利微，政蠹而民耗，未有逾此極者也。

國初，取士之途甚廣，而鬻爵之令不行，吏之作姦犯科者少，而丞簿以下，又多以進士爲之，其鄉舉歲貢者參用焉，慎名器也。正統以後，朝野多故，師旅數興，權宜之制興，而鬻爵之令開。於是乎有納粟買馬之例，蓋甚不得已也。而入錢拜官者，不過處以雜流，固未始有偃然爲令，得親民者也。今天下泰寧，非有金革之事，甚不得已也，而數開此例。其就選也，入錢多者且得爲大縣令，名器之濫，流品之淆，未有如今日者也！司衡者稍加之意，凡以此例進者，悉視故事，處以雜流。而經國者，雖甚不得已，亦閉而勿開。塞僥倖之塗，絶冒濫之端，懲貪墨之源，防衰亂之漸，一舉而四利附焉者，禁鬻爵之謂也。

懲墨

司馬君實有言："天之生財，止有此數，不在官則在民。"今天下之倉庫，所在空虛，曾無一年之蓄，而縣官所入，恒苦於不足用，箕斂日急，而田野日窮。農夫作苦，終歲焦勞不得一飽，禾稼甫納，而場圃已空；破釜無糜，敗突不煙，妻孥枵腹，相對而泣。催科隸下，突如豺虎，鞭撻不已，子女隨鬻，愁苦萬狀，言之痛心。

今日之財，下不在民，上不在官，盈箱累橐，一歸貪墨。下車視篆，首籍富户，剥削及膚，斂括入髓，脅以峻刑，羅以密法，百計敓攘，不盡不止。兩浙之民，以富爲戚，怨口載路，思食其肉。而當衡者，方利其賂餽，苞苴一入，立登清貫。貪濁之風，煽乎京轂；腥穢之臭，遍乎遐壤。墨吏之得志，未有如今日者也。昔桓、靈之世，崔烈入錢爲司徒，史官書之以垂明戒。今之崔烈，奚啻百千？習以成風，恬不知恥。而清修之士，反蒙嗤笑；廉潔之吏，多見擯逐。官失其職，民不聊生。瀾倒堤潰，莫知止極。夫貪墨之吏，幸而不敗也，則捐其所有之什一，已足以躐清華而據津要；不幸而敗也，不過奪官，甚者，發配極矣。一經肆赦，得歸田里，乃復以其所有者，美田宅，高宫室。妖冶之妾，便給之僕，酣歌燕舞，蕩心娱意，窮奢極欲，①遺之子孫，利及數世，揚揚里閈，自謂得計。良由贓鉅而罰太輕，利博而害甚小，導之爲貪，奚所忌憚？

我高皇帝洞燭民隱，深探化本，崇廉潔之賞，嚴貪墨之誅。吏犯贓者，置之極典，枉法受財，坐以死律。於是當官者懷刑，牧民者遠罪，吏稱民安，幾致刑措。乃後鈔法漸壅，贓貫太嚴，誅殺不勝，不得已而從世輕之典，增雜犯之科，而墨吏亦漸以肆矣。正統以後，贓賄繁滋，益以例禁。贓多者發戍，甚者，則遠配極邊。然發配未幾，而詔赦隨下，司刑者及貫而止，且無籍没之典，高下任情，出入徇私，贓者不必問，而問者不必贓，戍者未幾，犯者相

---

① “欲”，《四庫全書》本作“歡”。

繼。建言者紛然病之，而莫知變通之術。夫律誠不易，例則可增，如入官給主，固有定律。而贓至鉅萬者，特以詔例籍没之；其以贓罪戍邊者，永不得赦，且著爲令。夫戍者不得赦，則不得歸享其所入；而贓多者必籍，則無以遺其子孫。彼將畏罪之不暇，而何利之有，將賞之不貪矣。

國朝小吏之俸甚薄，而冗員日增。俸薄，則不足以養廉，而中人之性，罕克自樹。陳平所謂不受金則無以爲資，勢使然也。是故冗員既增，則吏俸不得不薄；吏俸薄，則犯贓者必多，此相因之勢也。假令天子下方尺之詔，詔吏部：凡冗員之無益者，悉汰之。而即以其禄冗員者，益小吏之俸。又有籍没不赦之例，以爲之禁。本既正，而末流衰止，贓吏知畏，而民其汔可小康矣乎！

節浮

夫承平久，則禁防闊；禁防闊，則姦僞滋；姦僞滋，則浮費、冗食莫知紀極，而財力詘。今六邊之士，朝廷之所賴以捍封守者也，而日不得一飽，寇至，則京師震恐，人無固志。兩浙之農，朝廷之所賴以供軍國者也，而日不得一飽，歲飢，則父鬻子，夫鬻妻，而道殣相望。夫人無固志，而道殣相望，則囂然變其樂生之心，而有思亂之志，不逃之塞外，①則挺而爲盜，此非細故也。而當事者，莫之省憂，宴然以爲無虞，病伏於膏肓，而飲食如故，此扁鵲之所以駭而走也。

夫歲入有常，而悖出無經，則財必詘。財詘矣，而土木不

① “之塞外”，《四庫全書》本作“而之敵”。

息，師旅數興，其最甚者，則官之冗者日益增。裁革之詔未乾，而添注之令尋下，額外之員溢於常品。如工部、太常寺、光禄寺、中書科、太醫院，皆亡賴之淵藪，而耗財之螟螣也。正德間，官方濫極，聖天子嗣統，下詔清稽，凡傳升、乞升者，悉汰無遺，薄海内外，鼓舞稱快。今幾復舊矣。武官襲替、比試之法，特故事耳。降革之例，曾不一行，其帶俸者，又數倍於正額。錦衣衛之緝獲妖言強盜者，升俸署級，莫敢詰問，而邊將之上首級論功者，歲不知幾何也。軍士失伍，而支糧如故，上下相欺，公私并竭。建言者方急急於理財之術，而不知節費之説。夫浮費不節，雖積如丘山，來如江河，日朘月削，終致陵遲；朝滲夕泄，立見枯涸。雖使管、商執籌，桑、孔司計，亡益也。

古者冢宰制國用，量入以爲出，必使有九年之蓄，而後可以爲國。漢之文、景，躬行節儉，海内富庶。宋神宗鋭於富國，而闇於知人，新法紛紛，卒基喪亂。由此觀之，則生財之不如節用，富國之不如足民，亦已明矣。今宜特詔吏部，凡額外之官，如傳升、乞升、添注、填注，自工部以下，如前所云者，一切革罷。復詔兵部，集議以聞，新官之襲替，一如舊官比試。而比試之法必嚴，其不如式者，不得襲例；應降革者，必如例；而功賞之濫者，必痛裁之。其軍之無丁有糧者，以法清之，使不得冒支。再詔户部，通計歲之所入與所出者而消息之，必入浮於出而後可。凡營繕賜予，尚方監局歲造物料，悖出不經者，悉罷之。行之數年，其鹽課之所贏，與太倉之所積貯者，悉以籌邊，而復下令時賜民田租之半，則六邊之士皆樂戰，而兩浙之農悉力田矣。其視不知節費，而皇皇於財利者，功相萬萬也。

革奢

痛乎！風俗之移人，而奢靡之蠹材也。

夫一人耕之，十人食之，則飢者必多；一人蠶之，十人衣之，則寒者必衆，此必至之理也。今匹夫耕之，匹婦蠶之，而衣食者千百其人，又不特衣食之而已也。窮水陸之珍奇，極絲縞之纖華，而欲民之亡飢寒，胡可得也？

曾子曰："國奢則示之以儉，國儉則示之以禮。"禮者，制用之節，禁奢之防也。今士大夫之家，鮮克由禮，而況於齊民乎！其大者，則喪葬、昏娶有同夷狄。[①] 古者哭則不歌，今乃雜以優伶，導以髳緇、笙管、鐃鼓，當哀反樂。會葬者，攜妓以相娛；主喪者，沈湎以忘返。古者婚姻，六禮而已。今乃傾貲以相夸，假貸以求勝。履以珠緣，髻以金飾，寶玉翠緑，奇麗駭觀，長衫大袖，旬日異制。京師則世禄之家，兩浙則富商大賈，越禮逾制，僭擬王者。是故巨室之昏喪者一，而中人之破産者幾矣。農夫號於野，紅女嘆於室，而貴游之子，方厭粱肉而弗嘗，棄紈縠而弗御，靡也極矣！

我高皇帝躬服節儉，首重農桑，服舍有等，昏喪有制，賤不逼貴，下不干上。弘治以前，純朴未雕，禁防猶在。自逆瑾黷貨，繼以寧、彬，奸贓百萬，籍没無算。暨乎今日，人有鄧通之銅山，家有郭況之金穴。無和戎之策，而備魏絳之女樂；蔑造唐之勛，而侈令公之聲伎。臨食者，笑何曾之萬錢；執籌者，嗤元載之八百。而牧宰之吏，方竭民之膏血以奉之，上倡

① "有同夷狄"，《四庫全書》本作"動逾古制"。

下應,翕然同風。此賈生所以流涕,馬廖所以咨嗟也。夫俗奢而不知禁,財靡而不知節,當官者皆黷貨,而力田者多逐末,此亦民窮財盡之秋也。及今不理,後必無措。即不幸國家有方千里之水旱,胡以恤之?

是故欲富國者,莫如足民;欲足民者,莫如節用。重農桑而抑末作,賞廉潔而誅貪墨。禮教以示之,刑禁以威之。天子公卿躬行於上以爲之先,崇漢文之儉朴,以修高皇之法軌。則財何以不若水火,俗何以不若淳古哉?

正典

今之迤北,曾不足當中國之一大郡,而寇至則上下震恐,[①]惟其所欲,無不如志,深入内地,殺略殆盡。而沿邊諸將,曾不敢發一鏃以禦寇。土崩瓦解之勢已成,而當事者弗寤,建言者皆謂天下已安已治矣!寇嘗歲一再入,[②]水土弗調,士馬多物故者,且所志不過金繒、子女、頭畜而止,是何能爲?噫,爲斯言者可斬也!天下之勢如腹心既顛,而四肢痿躄,筋骸脉絡無不受病,外邪一觸,斃可立待,而猶謂宴安無事,此昔人所謂燕雀處堂厝火積薪之下者也。

今天下財竭於東南,兵熸於西北,邊備日壞,而虜勢日以强。[③] 吉囊侵擾,[④]士無息肩,俺答、阿不孩又爲婚姻矣。[⑤] 瓦

① “寇”,《四庫全書》本作“兵”。
② “寇”,《四庫全書》本作“彼”。
③ “虜”,《四庫全書》本作“敵”。
④ “吉囊”,《四庫全書》本作“濟農”。
⑤ “俺答”、“阿不孩”,《四庫全書》本作“諳達”、“阿布該”。

剌、朵顔、兀良哈、[1]土魯番諸夷，[2]相繼煽動，禍且不測。甘肅、延夏、宣大，無歲不兵，山西又殘破矣。梁鎮、馬永、劉文、王效，相繼老死。驍將欲盡，而僨帥得志，驕卒跋扈，公謀叛逆。許銘、張文錦、李瑾，橫遭慘酷，置之弗問。大同一軍，内殺主將，而外通酋豪，[3]唐之藩鎮曾不若此。是以寇敢深入，[4]無復顧忌，長驅晋、冀，遂窺并陘，所過殘破，殺掠士民四十餘萬，長平之坑，何以過此，此則大同爲之也。

夫有功弗賞，有罪弗誅，雖堯舜不能以爲理。高皇帝之祖訓有曰："凡賞罰要當，不當則人心不服，久則禍必生焉。"斯言也，真百王之彝訓也！况乎軍旅之事，呼吸之間，存亡立異。賞弗當功，則士弗勸也；誅弗當罪，則士弗懲也。勸懲廢，則紀律隳；紀律隳，則上下解體，雖有霍、衛之勇，李、郭之忠，無能爲也。是故孫武斬宫嬪，穰苴戮莊賈，世宗誅愛能，狄青殺陳曙，知此道也。今六邊諸將，覆軍失律，輒蔽匿弗以上聞；其聞也，不過差官往勘，輕者罰俸，重者降級而已。夫進有必死之危，而退無失機之戮，人情孰不樂生而惡死？此士之所以聞鼓而奔，望烽而靡也。寇退則拾其遺落，[5]甚者，俘邊氓以爲首級，上功幕府，邀求爵賞，遷秩任子，濫及本兵。夫功誠宜賞，罪亦宜罰，今捨丘山之罪弗誅，而惟毫毛之功是賞，其誰不效尤以相蒙也。

山西之事，尤可痛憤。丁璋以五千飢疲之卒，而迎十萬

---

① "瓦剌"、"兀良哈"，《四庫全書》本作"衛拉特"、"烏梁海"。
② "夷"，《四庫全書》本作"部"。
③ "酋豪"，《四庫全書》本作"敵國"。
④ "寇"，《四庫全書》本作"敵"。
⑤ "寇"，《四庫全書》本作"敵"。

方張之敵,揮空卷,[1]赴白刃,刳剥支解,無一人得脱者,山西士民無不流涕。昔李陵以壯士五千,獨當匈奴,卒爲降虜,馬遷猶以爲有國士之風。以丁璋之忠壯,而國家無殊異之典,死事之家不蒙優恤,此忠臣烈士之所以喪氣也！夫失機逗留者斬,律至重也,今山西殘破,奚止失機?哭聲震乎原野,鋒鏑逮乎嬰豎,髑髏山委,流血川涌,而總兵以下,爭先逃匿,巡撫大臣,束手坐視。大同既壞,禍延山西,伊誰之咎?而誅殛未行,爵位如故。刑賞若此,殆非所以鼓舞士氣而變移宿習也。假令寇復再入,[2]又何以責人之盡死力乎?

是故誅賞之典不正,而求將士用命,疆埸宴寧,吾懼其日以陵遲,而噬臍無及也。

實塞

邊境之困於寇者,[3]恒苦於兵之不足。兵不足而地遼遠,則戍守者少,而寇之出没無常,彼聚而我分,彼衆而我寡,此寇之所以數得志也。兵可以多,而食恒不足,故不經事者,數議益兵,而曾不虞夫乏食也。食足矣,或調或募,何患乎無兵?

今秦、晋、燕、趙、山之東、河之南北,歲所賦者,曾不足以餉軍,而誅求供億,宗藩、官吏、驛傳諸費,又於是乎取給。烽

① “卷”,《四庫全書》本作“拳”。
② “寇”,《四庫全書》本作“北兵”,下無“復”字。
③ “寇”,《四庫全書》本作“敵”。以下諸“寇”字俱同,惟“吾懼夫兵之不能枵腹以嘗寇也”一句之“寇”字未改。

火有警,恒仰給於太倉,銀至而虜去矣。[1] 士不得一飽,而主者輒盈橐。邊日益空虚,士馬日益凋耗,而淺謀者急急於增戍益兵,吾懼夫兵之不能枵腹以嘗寇也。夫秦隴、河渭,古稱富饒,沃野數千里,秦嘗以一隅而北攘匈奴,南吞六國矣。今舉天下之全力,而畏吉囊如虎,[2]首反居下,足反居上,此賈生之所以痛哭流涕也。

國初,元裔遠遁,猶歲一命將,肅清沙漠。文皇帝三征迤北,數千里外曾不見寇,守在四夷,屯田達乎河湟,牧馬窮乎瀚海,鹽賈獲利,而飛輓無壅,紅粟腐倉,牛羊被野;士飽而弗試,馬肥而弗乘,邊陲之樂,永、宣極矣。正統以來,閹豎竊簸於内,而債帥惰偷於外,邊防漸懈,寇勢浸強。暨乎土木之禍,喪師蹙地,受降之城,河套之藪,悉爲敵有。[3] 士不得耕,馬不得牧,而屯田壞矣。屯田壞,則鹽賈失利;鹽賈失利,則飛輓不行。而延夏、甘肅米價翔貴,率一鍾而銀二兩矣。食之不足,此其繇也。

古今言實塞者,莫善於晁、賈,雖一時權宜之術,而實萬世經久之利。今其言具在,消息損益,師其意而不泥其故,隨時以立制,因土以便俗,募民以屯田,因田以儲穀,因穀以益兵,因兵以制寇。時其衣糧,增其戍守,謹其烽燧,遠其斥堠。而又特詔户部講求鹽法,博稽其興廢之源,而熟計其利害之故,寛其歲課,減其引額,秤掣以時,守支無壅,痛革其買窩、賣窩之弊,而略嚴夫餘鹽、私鹽之禁,使竈丁不失所,而富商大賈樂於報中,且無令老耄貪墨者以主之。凡鹽課所入,悉

---

① “虜”,《四庫全書》本作“敵”。
② “吉囊”,《四庫全書》本作“濟農”。
③ “敵”,《四庫全書》本作“彼”。

以餉邊。而營繕不急之務,一切停罷。籌之數年,則飛輓之法通,而屯田之利舉,富強之形成,而祖宗之典復矣。

均賦

天下之賦,莫重於兩浙,而尤莫重於蘇、松。松兩縣耳,歲賦一百二十萬;蘇之歲賦,三百五十萬有奇。其始因僞吴張士誠之舊額已過重,後以漕運之費,凡正糧一石,復加耗五斗,故其重至此。其他徭役、科派、歲料,織造、郵驛、磚廠諸所徵納者,又歲不知幾何也。贓吏之侵漁,巨室之并兼,肆行而莫禁,蘇之困極矣!

長民者思以救之,而未得其術。公田變而爲丈量,丈量變而爲挨號,挨號變而爲牽攤,咨詢未廣,計慮不周,甲可而乙否,朝令而夕改,利未獲而害先滋,法未成而謗讟起,此則更張無漸,任用非人之故也。夫丈量之法,可行於秦渭、燕趙、山之東、河之南北,而不可行於兩浙。何則?北方沃野千里,地皆方幅,易於積算,高皇帝嘗命徐達等丈量田畝,事竟不成。至若兩浙之田,環以溝澮,錯以墳衍,尖斜曲折,勢難整齊,世無章亥,誰能步之?統、泰間,周文襄公亦嘗行丈量之法,昉於昆山,匹馬獨行,躬自履畝,尋復中止,今昆山有今量同田是也。夫以中山之謀略、文襄之心計,猶且難之,而況於今日乎?其勢必守責之令,令責之丞簿,丞簿責之耆長,耆長責之里甲,得賂則減多爲寡,不賂則加寡爲多,私截步弓,僞增畝角,以希上指邀功賞者,什而九也。挨號之法,尤爲舛謬。夫自洪武以至今日,百七十餘年矣,田數易主,額則屢更,其魚鱗圖册,變亂涃爛。郡縣所攢造,後湖所藏者,且漫漶不可據，而乃欲以民間之圖籍爲定乎？此令一下，耆長之狡猾者，皆僞造圖籍，塗以埃塵，刷以黝墨，以欺長上。至乃移易圻段，改换字圩，得賂則減官爲民，不賂則加升爲斗，紛紛變亂，雖絲棼叢棘無以喻也。不得已而行牽攤之法。夫牽攤誠是也，裒多以益寡，法既畫一，而民不至大病。然地有高下，田有肥瘠，山田則病旱，水田則病澇，而坍江、坍湖、坍海，及積荒、抛荒者，又不可概均也。有田則有租，而城中之田，其無糧者如故，甚亡謂也。其法必通計一縣之田，爲頃、爲畝者幾，歲賦者幾，而審均之。凡田之高下肥瘠不大相遠者，通爲一則；其最高下者，與夫坍江、坍湖、坍海，及積荒、抛荒者，又通爲一則。而城中之無糧者，必概科之，庶乎利多而害少也。抑此治其末耳。減額者既以爲恩，則加賦者必以爲怨，朝三暮四，無異乎狙公之術，而欲以蘇兩浙之民，未也。

故欲修萬世之利者，有三術焉：均賦也，減額也，限田也。夫僞吴以一隅而抗天下，日事金革，其勢不得不重賦以足用。高皇帝定都金陵，資吴、會之穀粟，因江東之財賦。蓋欲減而未能，非能之而不欲也。且今之天下皆王土也，何獨天下之賦皆輕，而蘇、松獨重乎？議者必以變亂成法爲言。夫謂變亂者，防姦臣之專權亂法，罔上行私也。今朝野之人，皆知蘇、松之重賦，法當變通，而莫有言者，畏變亂之律重也。誠使聖天子下明詔，集群議以行之，又何變亂之有？無已則減額乎？議者必謂軍國之需，一日不可缺，加賦且不足，而乃欲減額乎？昔漢文節儉，三十税一，且時賜民田租之半。高皇帝亦嘗數賜民田租矣，詔令具在，可考也。統、泰間，周忱、況鍾奏減蘇賦七十二萬，何獨可行於統、泰，而不可行於今日乎？殆未有周、況其人耳。誠使三冗既去，鹽法既修，屯田既復，則國課充盈，而蘇、松之賦額可漸減矣。限田之法雖若闊迂，而尤爲要切。夫富者連阡陌，而貧者無立錐，無制故也。今宜稍爲之限，使豪右并吞之家有所畏憚，而貧者有恒産，以爲之資。擇循吏以爲民牧，而使之加意於農桑。凡徭役、科派、歲料，織造、郵驛、磚廠諸所徵納，皆以次議減。則蘇民小康，而天下亦永賴矣。

廣西提學僉事袁君墓志銘

吾友袁君永之，以高明踔越之才，精深宏博之學，而輔以輘轢奮迅之氣，自其少時已不肯碌碌後人。既起高科，登膴仕，視天下事無不可爲，而砥節履方，不欲附麗匪人。首忤權臣，幾蹈不測，賴天子仁聖，得不擯棄，浮湛中外，垂二十年，再起再廢，迄骯髒以死。嗚呼傷哉，其命也！

君諱袠，字永之，别號胥臺山人，世吴人。高祖以寧，曾祖琮，祖敬。考封承德郎，刑部主事，諱鼒。母安人葛氏。袁氏自高、曾而下，世以氣義長雄其鄉，而未有顯者。至君昆弟數人，藻發競秀，突起閭閻，聲生勢長，隱然爲文獻之族。君於群從中最少，而奇穎異常。五齡知書，七歲賦詩，有奇語。十五試應天，再試，再不利。憤曰："吾所志何如，顧爲場屋所困耶！"益淬厲精進，刺經質義，務究底極。嘉靖乙酉，遂以第一人薦試禮部，亦在高等，一時聲名傾動京邑。入對大廷，摛衍揚摧，上下數千言，出入經史，詞旨宏達。時權臣方爲學士，得君卷，奇之，執欲冠多士。在廷諸公惡其攬權，故抑置二甲第一人。及啓封，見君名，乃悔不用其言。而權臣則喜於得君，他日詣君，叙致本末，自謂君知己，而君不對，亦不謝。權臣大懟，銜之，然無以發也。未幾入内閣，親幸用事，遂上言諸庶吉士跅弛靡薄，不宜在禁近，悉罷爲庶僚。怒猶未已，乃起兵部之獄。初兵部失火，君爲武選主事，適當徼巡。在法，徼巡失警，當調官。獄吏承風旨，掠立文致，劾君縱火，爲姦利，鍛鍊久之。獄解，同官皆調遣，君獨編戍湖州千户所。會赦免歸，權臣死，稍起爲南京武選主事。歷職方員外郎，擢廣西提學僉事。致仕歸，卒，年僅四十有六。

始君自翰林，出爲刑部主事，即思明法以達于政，謹推讞，審法比，所當必允。爲尚書胡端毅公所知，簡莅本科。君析律詳明，剸裁敏利，而將以勤誠，案無留牘。有詔以京朝官考各省鄉試，君被命主試河南，校閲精審，去取攸當，時稱得士。尋奉使决獄淮揚，還朝改司武選。武選所職，有銓選，有勛禄，有貼黄，及諸委瑣，故號劇司，而貼黄尤多敝事。君督併嚴密，關決明審，吏不得并緣爲奸。展采錯事，方將有爲，會獄事起，而君去國矣。在南部，適當考選軍政，尚書熊公特委重君。君杜請託，察賢否，勵精從事，考核緒正，一於至公，人服其明。廣西在嶺徼之外，夷獠雜處，文教久弛。君不鄙夷其人，教詔諄切，示之矩範，而率之以身，程以科條，崇雅黜浮，矜其不逮，薄懲廣録，以誘進百粤之士。士方安其化，而君倦游矣。

君性樂閒曠，謫居吴興，日與高人逸士，探奇選勝，登陟游衍，悠然自適。及歸，築室横塘之上，據湖山之勝，縱浪其間，有終焉之志。雖暫起守官，而寤寐林壑，未始少忘。篤志問學，群經子史，無所不窺。爲文必先秦、兩漢爲法，樂府師漢魏，賦宗屈、賈，古律詩出入唐宋，見諸論撰，莫不合作。所著《文集》二十卷，《皇明獻實》若干卷，《吴中先賢傳》十卷，《世緯》及《歲時記》及《周禮直解》總若干卷。始君雅志用世，及事與心違，時移身遠，乃肆意於此，以泄其所藴爾。觀《世緯》所著，皆鑿鑿乎經世之論。其“官宗”、“遴傳”與夫“距僞”諸篇，實維時敝，惜不得少見於事，而徒託之空言，可慨也已！君闊達高朗，議論英發，能以辨博勝人，人莫能屈，然實無他腸，志同氣合，即傾倒無間，故知君者莫不賢愛之，而不勝夫嫉之者之衆也。

君生弘治壬戌十月二十六日，卒嘉靖丁未六月十有三日。配馬氏，封安人，繼文氏。子男一人，尊尼，癸卯貢士。女三人，適生員王子恭、殷邦柱、徐欽。葬以卒之後四年辛亥十月十日，墓在南横山全家塢之原。銘曰：

侃侃袁君，維時之碩。履道含宏，抱真翼德。爰起高科，式揚用聲。載緝用明，奕其邦楨。維邦之楨，弗爲道屈。矧兹匪人，胡彼之恤。豈無榮途，有命在天！寧玉之毁，匪瓦斯全。陷則有阱，守則爲正。孰其生之，天王明聖。侃侃袁君，守貞用恒。弗利攸征，身否道亨。亨之如何，有言則立。言立名存，有永無泐。

前翰林院待詔將仕佐郎兼修國史長洲文徵明著并書。

袁夢鯉跋

我胥臺先從父，生明盛之時，邁天人之學，弱冠登朝，慨然以董、賈自負。惜位不勝才，弗克大展，未幾而有苕霅之謫矣。繼蒙帝簡督學，廣西弦琴之暇，爰構兹編，題曰《世緯》。經綸之藴，亦略可見。丁未歲，公既辭世，幸茂陵猶存此稿也，躬自校閲，謄寫成帙。噫！賢不必壽，文未喪天，有同公志者，能無感也？

丁未年九月望侄夢鯉百拜謹識於涵碧軒。

袁廷檮跋

廷檮先世當明季，文章名節照耀一時，故流傳藝文極盛，其版本刊布者，家藏略備。即先人手稿墨迹，近年搜羅，亦不下數十種。惟胥臺公所著《世緯》一書，文待詔謂"鑿鑿乎經世之論"，惜未梓行，并失舊本，嘗以無從購求爲恨事。迨恭讀欽定《四庫全書簡明目録》子部儒家類中載有此書，仰惟聖朝稽古右文，開獻書之路，雖卮言蕘論，咸登秘閣，實千古罕有之遇，潛德幽光，胥不終泯没矣。於是致書館局，録副寄吴，楚弓重得，如獲瓌寶。展卷敬讀待詔之言，洵非溢美。不敢秘爲私有，謀之鮑丈以文，刻入叢書，以廣其傳焉。謹録《四庫全書》内提要冠首，并以文待詔所撰墓志銘附後，俾讀是書者可以考見公之節概云。

乾隆五十有七年壬子秋七月朔十世從孫吴縣袁廷檮拜跋。

明夷待訪録

(清)黄宗羲　撰
何朝暉　點校

目　録

整理說明 …………………………………………… 1

顧寧人書 …………………………………………… 1
識語 …………………………………………… 3
原君 …………………………………………… 4
原臣 …………………………………………… 6
原法 …………………………………………… 8
置相 …………………………………………… 10
學校 …………………………………………… 13
取士上 …………………………………………… 17
取士下 …………………………………………… 19
建都 …………………………………………… 23
方鎮 …………………………………………… 25
田制一 …………………………………………… 27
田制二 …………………………………………… 29
田制三 …………………………………………… 31
兵制一 …………………………………………… 34
兵制二 …………………………………………… 37
兵制三 …………………………………………… 39

財計一 …… 41
財計二 …… 44
財計三 …… 46
胥吏 …… 48
奄宦上 …… 51
奄宦下 …… 53

整理說明

黄宗羲,字太沖,號南雷,世稱梨洲先生,浙江餘姚人。生於明萬曆三十八年(1610),卒於清康熙三十四年(1695),門人私謚文孝。是明末清初的著名學者、思想家。

《明夷待訪録》作爲中國思想史上的一部名著,其重要價值自不待言。關於它的思想内容,各種研究論著早已汗牛充棟,這裏不準備贅述,僅就該書的成書過程、版本流傳和整理情況作些説明。

梨洲把自己的一生概括爲三個階段:"初錮之爲黨人,繼指之爲遊俠,終厠之於儒林。"(黄炳垕《黄宗羲年譜》卷首録梨洲自題)他早年聯絡同志,反對閹黨,爲父復仇;明清易代之際,投身於抗清鬥爭;光復事業失敗後,乃專心講學、著述。《明夷待訪録》正是梨洲人生轉入第三階段之際撰寫的著作。全祖望《鮚埼亭集外編》卷三十一"書《明夷待訪録》後"云:"萬西郭爲余言:徵君自壬寅前,魯陽之望未絶,天南訃至,始有潮息煙沉之嘆,飾巾待盡,是書於是乎出。"案壬寅即康熙元年(1662),是年南明永曆帝朱由榔在昆明爲吴三桂所殺。據是書梨洲識語,康熙元年夏開始寫作,甫就數章,遇火中輟。次年收拾殘帙,加以續寫,於十月間完稿。

今本《明夷待訪録》共包括"原君"、"原臣"、"原法"等二十一篇。全祖望“書《明夷待訪録》後”云:“原本不止於此,以多嫌諱弗盡出,今並已刻之板亦毁於火。”提示原有更多的篇什,只是因爲當時的政治形勢,並未全部收入最後的定本中。全祖望《鮚埼亭集》卷十一“梨洲先生神道碑銘”中又著録梨洲撰“《明夷待訪録》二卷,《留書》一卷”。《留書》是一部什麽樣的書?與《明夷待訪録》的關係如何?均不得其詳。上世紀 80 年代,沈善洪、吴光先生在爲編纂《黄宗羲全集》蒐集材料時,有了重要發現。寧波天一閣藏有近代藏書家馮貞群的《伏跗室書目》,其中著録有“南雷黄子留書一卷,是亦居傳鈔本”,並標明是書分“文質”、“封建”、“衛所”、“朋黨”、“□史”五篇。又中國科學院圖書館藏有清慈溪鄭氏二老閣後人鄭祐嘉慶年間鈔本《南雷文鈔》,中有“文質”、“封建”(殘)二篇,目録中注明“未刻”,應即《留書》的佚文。幾年後,他們有了更爲驚人的發現:天一閣的書庫中竟然沉睡着馮貞群伏跗室舊藏、乾隆間二老閣主人鄭性的鈔本《留書》!該鈔本目録八篇,存文五篇。跋尾稱:“先生《留書》八篇,其‘田賦’、‘制科’、‘將’三篇,見《待訪録》,兹不具載。”這部鈔本《留書》隨即被收入了 1993 年出版的《黄宗羲全集》第十一册中。至此,《明夷待訪録》與《留書》之間的關係漸趨明朗。鈔本《留書》自序云,是書“爲書八篇”,落款時間爲“癸巳九月”。又馮貞群《伏跗室書目》録有梨洲寫於康熙十二年(1673)的題跋一篇:“癸巳秋,爲書一卷,留之篋中。後十年,續有《明夷待訪録》之作,則其大者多採入焉,而其餘棄之。甬上萬公擇謂尚有可取者,乃復附之《明夷待訪録》之後,是非余之所留也,公擇之所留也。”綜合這些證據,可知《留書》寫成於清順治十年(1653),原共有八篇。其中‘田賦’、‘制科’、‘將’三篇的内容融入了後來的《明夷待訪録》中，並刊版印行。而“文質”、“封建”、“衛所”、“朋黨”、“□史”五篇，則因有“虜”、“酋”、“僞朝”等嚴重的違礙文字，始終只能以鈔本形式私下流傳。“留書”者，蓋留而未刊之書也。

《明夷待訪録》對於君主專制大膽而犀利的批判，在當時可謂振聾發聵，驚世駭俗。但在以文網嚴密著稱的清代，各種禁毁目録中只見到梨洲的《明文案》、《行朝録》、《南雷文定》、《南雷文約》等著作，找不到《明夷待訪録》的影子。這似乎只能有一種解釋，那就是本書因流傳不廣，未被發現，僥倖躲過一劫，否則必定難逃遭到禁毁的命運。

據全祖望的跋，《明夷待訪録》問世後曾經刊版，而旋毁於火。現存最早的刻本，是乾隆間由慈溪鄭性、鄭大節父子校訂刊刻的二老閣本。清中葉以後該書影響日大，刊本衆多，主要有道光十九年(1839)金山錢氏《指海》本，道光二十七年(1847)番禺潘氏《海山仙館叢書》本，同治十三年(1874)虞山顧氏《小石山房叢書》本，崇仁華氏《海粟樓叢書》本，光绪五年(1879)姚江黄氏《五桂樓叢書》本，光緒二十三年(1897)沔陽李氏《鐵香室叢刻》本，光緒二十四年(1898)豐城余氏《寶墨齋叢書》本，光緒三十年(1904)甘肅文學堂本，光緒三十一年(1905)杭州群學社石印蔣麟振編《黄梨洲遺書十種》本，宣統二年(1910)上海時中書局鉛印薛鳳昌編《梨洲遺著彙刊》本，民國八年(1919)上海掃葉山房增補再版《梨洲遺書彙刊》本，民國十四年(1925)中華書局《四部備要》本，等等，另有清鈔本數種。

當代整理注譯本，有北京古籍出版社 1955 年排印標點本、中華書局 1981 年排印標點本、浙江古籍出版社 1985 年

《黄宗羲全集》本(2005年增訂再版)、臺北三民書局1995年李廣柏注譯本、貴州人民出版社2001年劉河注譯簡評本、岳麓書社2008年李偉譯注本,以及中華書局2011年段志强譯注本,等等。諸書所采用的底本,有慈溪鄭氏二老閣刻本、姚江黄氏《五桂樓叢書》本、《梨洲遺著彙刊》本等。

此次整理,從保留版本的多樣性考慮,兼顧版本質量,以《續修四庫全書》影印清道光十九年錢氏《指海》本爲底本,以清道光二十七年潘氏《海山仙館叢書》本爲校本,並參考了《黄宗羲全集》、中華書局《明夷待訪録》譯注本、岳麓書社《明夷待訪録》譯注本的整理成果。爲方便讀者閱讀,對原書目録略作調整,加入"顧寧人書"、"識語"兩條,並補正個别脱誤,目録中不再出校,特此説明。戚昕、李霞參加了部分點校工作。

顧寧人書

辛丑之歲，一至武林，便思東渡娥江，謁先生之杖履，而逡巡未果。及至北方，十有五載，流覽山川，周行邊塞，粗得古人之陳迹。而離群索居，幾同傖父，年逾六十，迄無所成，如何？如何？

伏念炎武自中年以前，不過從諸文士之後，注蟲魚、吟風月而已。積以歲月，窮探古今，然後知後海先河，爲山覆簣。而于聖賢六經之行，國家治亂之原，生民根本之計，漸有所窺，恨未得就正有道。頃過薊門，見貴門人，具稔起居無恙。因出大著《待訪録》，讀之再三，於是知天下之未嘗無人，百王之敝可以復起，而三代之盛可以徐還也。天下之事，有其識者未必遭其時，而當其時者或無其識，古之君子所以著書，待後有王者起，得而師之。然而易“窮則變，變則通，通則久”，聖人復起而不易吾言，可預信於今日也。

炎武以管見爲《日知録》一書，竊自幸其中所論，同於先生者十之六七。唯奉春一策，必在關中，而秣陵僅足偏方之業，非身歷者不能知也。但鄙著恒自改竄，且有礙時未刻。其已刻八卷及《錢糧論》二篇，乃數年前筆也，先附呈大教。

倘辱收諸同志之末，賜以抨彈，不厭往復，以開末學之愚，以貽後人，以幸萬世，曷勝禱切！

同學弟顧炎武頓首。

識　語

余嘗疑孟子一治一亂之言，何三代而下之有亂無治也？乃觀胡翰所謂十二運者，起周敬王甲子，以至于今，皆在一亂之運；向後二十年交入“大壯”，始得一治。則三代之盛，猶未絶望也。前年壬寅夏，條具爲治大法，未卒數章，遇火而止。今年自藍水返於故居，整理殘帙，此卷猶未失落於擔頭艙底，兒子某某請完之。冬十月，雨窗削筆，喟然而嘆曰：昔王冕仿《周禮》，著書一卷，自謂“吾未即死，持此以遇明主，伊、吕事業不難致也”，終不得少試以死。冕之書未得見，其可致治與否，固未可知。然亂運未終，亦何能爲“大壯”之交。吾雖老矣，如箕子之見訪，或庶幾焉。豈因“夷之初旦，明而未融”遂秘其言也？癸卯，梨洲老人識。

原　君

有生之初，人各自私也，人各自利也，天下有公利而莫或興之，有公害而莫或除之。有人者出，不以一己之利爲利，而使天下受其利；不以一己之害爲害，而使天下釋其害。此其人之勤勞，必千萬于天下之人。夫以千萬倍之勤勞而己又不享其利，必非天下之人情所欲居也。故古之人君，量而不欲入者，許由、務光是也；入而又去之者，堯、舜是也；初不欲入而不得去者，禹是也。豈古之人有所異哉？好逸惡勞，亦猶夫人之情也。

後之爲人君者不然，以爲天下利害之權皆出于我，我以天下之利盡歸于己，以天下之害盡歸于人，亦無不可；使天下之人不敢自私，不敢自利，以我之大私爲天下之公。始而慙焉，久而安焉，視天下爲莫大之産業，傳之子孫，受享無窮。漢高帝所謂"某業所就，孰與仲多"者，其逐利之情不覺溢之于辭矣。此無他，古者以天下爲主，君爲客，凡君之所畢世而經營者，爲天下也。今也以君爲主，天下爲客，凡天下之無地而得安寧者，爲君也。是以其未得之也，屠毒天下之肝腦，離散天下之子女，以博我一人之産業，曾不慘然！曰："我固爲子孫創業也。"其既得之也，敲剥天下之骨髓，離散天下之子女，以奉我一人之淫樂，視爲當然，曰："此我産業之花息也。"

然則爲天下之大害者，君而已矣。向使無君，人各得自私也，人各得自利也。嗚呼！豈設君之道固如是乎？

古者天下之人愛戴其君，比之如父，擬之如天，誠不爲過也。今也，天下之人怨惡其君，視之如寇讎，名之爲獨夫，固其所也。而小儒規規焉以君臣之義無所逃于天地之間，至桀、紂之暴，猶謂湯、武不當誅之，而妄傳伯夷、叔齊無稽之事。乃兆人萬姓崩潰之血肉，曾不異夫腐鼠？[1] 豈天地之大，于兆人萬姓之中，獨私其一人一姓乎？是故武王，聖人也；孟子之言，聖人之言也。後世之君，欲以如父如天之空名禁人之窺伺者，皆不便于其言，至廢孟子而不立，非導源于小儒乎？

雖然，使後之爲君者果能保此產業，傳之無窮，亦無怪乎其私之也。既以產業視之，人之欲得產業，誰不如我？攝緘縢，固扃鐍，一人之智力不能勝天下欲得之者之衆，遠者數世，近者及身，其血肉之崩潰在其子孫矣。昔人願世世無生帝王家，而毅宗之語公主，亦曰"若何爲生我家"！痛哉斯言！回思創業時，其欲得天下之心，有不廢然摧沮者乎？是故明乎爲君之職分，則唐、虞之世，人人能讓，許由、務光非絶塵也；不明乎爲君之職分，則市井之間，人人可欲，許由、務光所以曠後世而不聞也。然君之職分難明，以俄頃淫樂不易無窮之悲，雖愚者亦明之矣。

---

① "腐"，原爲墨釘，據《海山仙館叢書》本補。

原臣

有人焉，視于無形，聽于無聲，以事其君，可謂之臣乎？曰：否。殺其身以事其君，可謂之臣乎？曰：否。夫視于無形，聽于無聲，資于事父也；殺其身者，無私之極則也。而猶不足以當之，則臣道如何而後可？曰：緣夫天下之大，非一人之所能治，而分治之以群工。故我之出而仕也，爲天下，非爲君也；爲萬民，非爲一姓也。吾以天下萬民起見，非其道，即君以形聲强我，未之敢從也，況于無形無聲乎？非其道，即立身於其朝，未之敢許也，況于殺其身乎？不然，而以君之一身一姓起見，君有無形無聲之嗜慾，吾從而視之聽之，此宦官宫妾之心也；君爲己死而爲己亡，吾從而死之亡之，此其私暱者之事也。是乃臣不臣之辨也。

世之爲臣者昧於此義，以爲臣爲君而設者也。[①] 君分吾以天下而後治之，君授吾以人民而後牧之，視天下人民爲人君橐中之私物。今以四方之勞擾，民生之憔悴，足以危吾君也，[②]不得不講治之牧之之術。苟無係于社稷之存亡，則四方之勞擾，民生之憔悴，雖有誠臣，亦以爲纖芥之疾也。夫古

---

① “爲”，《海山仙館叢書》本作“謂”。

② “足”，原作“是”，據《海山仙館叢書》本改。

之爲臣者，于此乎，于彼乎？①

蓋天下之治亂，不在一姓之興亡，而在萬民之憂樂。是故桀、紂之亡，乃所以爲治也；秦政、蒙古之興，乃所以爲亂也；晉、宋、齊、梁之興亡，無與於治亂者也。爲臣者輕視斯民之水火，即能輔君而興，從君而亡，其於臣道固未嘗不背也。夫治天下猶曳大木然，前者唱邪，後者唱許。君與臣，共曳木之人也。若手不執紼，足不履地，曳木者唯娱笑於曳木者之前，從曳木者以爲良，而曳木之職荒矣。

嗟乎！後世驕君自恣，不以天下萬民爲事，②其所求乎草野者，不過欲得奔走服役之人。乃使草野之應於上者，亦不出夫奔走服役。一時免於寒餓，遂感在上之知遇，不復計其禮之備與不備，躋之僕妾之間而以爲當然。萬曆初，③神宗之待張居正，其禮稍優，比於古之師傅未能百一，④當時論者駭然居正之受無人臣禮。夫居正之罪，正坐不能以師傅自待，聽指使於僕妾，而責之反是，何也？是則耳目浸淫於流俗之所謂臣者以爲鵠矣。又豈知臣之與君，名異而實同耶？

或曰：臣不與子並稱乎？曰：非也。父子一氣，子分父之身而爲身，故孝子雖異身，而能日近其氣，久之無不通矣；不孝之子，分身而後，日遠日疏，久之而氣不相似矣。君臣之名，從天下而有之者也。吾無天下之責，則吾在君爲路人。出而仕于君也，不以天下爲事，則君之僕妾也；以天下爲事，則君之師友也。夫然，謂之臣，其名累變；夫父子，固不可變者也。

---

① “于”，原脱，據《海山仙館叢書》本補。
② “爲”，原作“事”，據《海山仙館叢書》本改。
③ “曆”，原作“歷”，避清乾隆帝諱。徑改，下同。
④ “比”，《海山仙館叢書》本作“此”。

原法

三代以上有法,三代以下無法。何以言之?二帝、三王知天下之不可無養也,爲之授田以耕之;知天下之不可無衣也,爲之授地以桑麻之;知天下之不可無教也,爲之學校以興之;爲之婚姻之禮以防其淫;爲之卒乘之賦以防其亂。此三代以上之法也,固未嘗爲一己而立也。後之人主,既得天下,唯恐其祚命之不長也,子孫之不能保有也,思患于未然以爲之法。然則其所謂法者,一家之法,而非天下之法也。是故秦變封建而爲郡縣,以郡縣得私于我也;漢建庶孽,以其可以藩屏於我也;宋解方鎮之兵,①以方鎮之不利於我也。此其法何曾有一毫爲天下之心哉,而亦可謂之法乎?

三代之法,藏天下於天下者也:山澤之利不必其盡取,刑賞之權不疑其旁落。貴不在朝廷也,賤不在草莽也。在後世,方議其法之疏,而天下之人不見上之可欲,不見下之可惡,法愈疏而亂愈不作,所謂無法之法也。後世之法,藏天下於筐篋者也:利不欲其遺於下,福必欲其斂於上;用一人焉則疑其自私,而又用一人以制其私;行一事焉則慮其可欺,而又設一事以防其欺。天下之人共知其筐篋之所在,吾亦鰓鰓然

① "兵",《海山仙館叢書》本作"權"。

日唯筐篋之是慮,[①]故其法不得不密,法愈密而天下之亂即生於法之中,所謂非法之法也。

論者謂一代有一代之法,子孫以法祖爲孝。夫非法之法,前王不勝其利欲之私以創之,後王或不勝其利欲之私以壞之。壞之者固足以害天下,其創之者亦未始非害天下者也。乃必欲周旋於此膠彼漆之中,以博憲章之餘名,此俗儒之剿説也。即論者謂,天下之治亂,不繫于法之存亡。夫古今之變,至秦而一盡,至元而又一盡。經此二盡之後,古聖王之所惻隱愛人而經營者蕩然無具。苟非爲之遠思深覽,一一通變,以復井田、封建、學校、卒乘之舊,雖小小更革,生民之戚戚終無已時也。即論者謂有治人無治法,吾以爲有治法而後有治人。[②] 自非法之法桎梏天下人之手足,即有能治之人,終不勝其牽挽嫌疑之顧盼;有所設施,亦就其分之所得,[③]安于苟簡,而不能有度外之功名。使先王之法而在,莫不有法外之意存乎其間。其人是也,則可以無不行之意;其人非也,亦不至深刻羅網,以害天下。[④] 故曰有治法,而後有治人。

---

① “慮”,《海山仙館叢書》本作“慮”。

② “爲”,《海山仙館叢書》本作“謂”。

③ “分”,原作“外”,據《海山仙館叢書》本改。

④ “以”,原作“文”,據《海山仙館叢書》本改。又李偉《〈明夷待訪録〉譯注》(以清五桂樓刻本爲底本,以清光緒二十三年豐城余氏寶墨齋本參校)作“反”。按“反”字形近“文”,據文意則以“以”字爲妥。

置相

有明之無善治，自高皇帝罷丞相始也。

原夫作君之意，所以治天下也。天下不能一人而治，則設官以治之；是官者，分身之君也。孟子曰："天子一位，公一位，侯一位，伯一位，子、男同一位，凡五等。君一位，卿一位，大夫一位，上士一位，中士一位，下士一位，凡六等。"蓋自外而言之，天子之去公，猶公、侯、伯、子、男之遞相去；自內而言之，君之去卿，猶卿、大夫、士之遞相去，非獨至于天子遂截然無等級也。昔者伊尹、周公之攝政，以宰相而攝天子，亦不殊于大夫之攝卿，士之攝大夫耳。後世君驕臣諂，天子之位始不列于卿、大夫、士之間，而小儒遂河漢其攝位之事；以至君崩子立，忘哭泣衰絰之哀，講禮樂征伐之治，君臣之義未必全，父子之恩已先絶矣。不幸國無君長，委之母后，爲宰相者方避嫌而處，使其決裂敗壞，貽笑千古，無乃視天子之位過高所致乎！

古者君之待臣也，臣拜，君必答拜。秦、漢以後，廢而不講。然丞相進，天子御座爲起，在輿爲下。宰相既罷，天子更無與爲禮者矣，遂謂百官之設，所以事我，能事我者我賢之，不能事我者我否之。設官之意既訛，尚能得作君之意乎？古者不傳子而傳賢，視其天子之位，[1]去留猶夫宰相也。其後天子傳子，宰相不傳子；天子之子不皆賢，尚賴宰相傳賢足相補救，則天子亦不失傳賢之意。宰相既罷，天子之子一不賢，更無與爲賢者矣，不亦并傳子之意而失者乎？

或謂後之入閣辦事，無宰相之名，有宰相之實也。曰：不然。入閣辦事者，職在批答，猶開府之書記也，其事既輕；而批答之意，又必自内授之而後擬之，可謂有其實乎？吾以謂有宰相之實者，今之宫奴也。蓋大權不能無所寄，彼宫奴者，見宰相之政事墜地不收，從而設爲科條，增其職掌，生殺予奪出自宰相者，次第而盡歸焉。有明之閣下，賢者貸其殘膏剩馥，不賢者假其喜笑怒駡，道路傳之，國史書之，則以爲其人之相業矣。故使宫奴有宰相之實者，則罷丞相之過也。閣下之賢者，盡其能事則曰法祖，亦非爲祖宗之必足法也，其事位既輕，不得不假祖宗以壓後王，以塞宫奴。祖宗之所行未必皆當，宫奴之黠者又復條舉其疵行，亦曰法祖，而法祖之論荒矣。使宰相不罷，自得以古聖哲王之行摩切其主，其主亦有所畏而不敢不從也。

宰相一人，參知政事无常員。每日便殿議政，天子南面，宰相、六卿、諫官東西面以次坐。其執事皆用士人。凡章奏進呈，六科給事中主之；給事中以白宰相，宰相以白天子，同議可否。天子批紅；天子不能盡，則宰相批之，下六部施行。更不用呈之御前，轉發閣中票擬，閣中又繳之御前，而後下該衙門，如故事往返，使大權自宫奴出也。

宰相設政事堂，使新進士主之，或用待詔者。唐張説爲

---

① “視其”，《海山仙館叢書》本作“其視”。

相,列五房于政事堂之後:一曰吏房,二曰樞機房,三曰兵房,四曰户房,五曰刑禮房,分曹以主衆務,此其例也。四方上書言利弊者及待訪之人皆集焉,凡事無不得達。

學　校

學校，所以養士也。然古之聖王，其意不僅此也，必使治天下之具皆出于學校，而後設學校之意始備。非謂班朝、布令、養老、恤孤、訊馘，大師旅則會將士，[①]大獄訟則期吏民，[②]大祭祀則享始祖，行之自辟雍也。蓋使朝廷之上，閭閻之細，漸摩濡染，莫不有詩書寬大之氣。天子之所是未必是，天子之所非未必非，天子亦遂不敢自爲非是而公其非是于學校。是故養士爲學校之一事，而學校不僅爲養士而設也。

三代以下，天下之是非一出於朝廷。天子榮之，則群趨以爲是；天子辱之，則群擿以爲非。簿書、期會、錢穀、戎獄，一切委之俗吏。時風衆勢之外，稍有人焉，便以爲學校中無當于緩急之習氣。而其所謂學校者，科舉囂爭，富貴熏心，亦遂以朝廷之勢利一變其本領；而士之有才能學術者且往往自拔于草野之間，于學校初无與也，究竟養士一事亦失之矣。

于是學校變而爲書院。有所非也，則朝廷必以爲是而榮之；有所是也，則朝廷必以爲非而辱之。僞學之禁，書院之毁，必欲以朝廷之權與之爭勝。其不仕者有刑，曰："此率天

---

① "士"，原脱，據《海山仙館叢書》本補。
② "大"上，原衍"有"字，據《海山仙館叢書》本删。

下士大夫而背朝廷者也。”其始也學校與朝廷無與,其繼也朝廷與學校相反,不特不能養士,且至于害士,猶然循其名而立之,何與?

東漢太學三萬人,危言深論,不隱豪強,公卿避其貶議。宋諸生伏闕搥鼓,請起李綱。三代遺風,惟此猶爲相近。使當日之在朝廷者,以其所非是爲非是,將見盜賊奸邪懾心于正氣霜雪之下,君安而國可保也。乃論者目之爲衰世之事,不知其所以亡者,收捕黨人,編管陳、歐,正坐破壞學校所致,而反咎學校之人乎?

嗟乎!天之生斯民也,以教養托之于君。授田之法廢,民買田而自養,猶賦税以擾之;學校之法廢,民蚩蚩而失教,猶勢利以誘之;是亦不仁之甚。而以其空名躋之曰“君父,君父”,則吾誰欺!

郡縣學官,毋得由自遷除,①郡縣公議,請名儒主之。自布衣以至宰相之謝事者,皆可當其任,不拘已未仕也。其人稍有干于清議,則諸生得共起而易之,曰:“是不可以爲吾師也。”其下有五經師,兵法、曆算、醫、射各有師,皆聽學官自擇。凡邑之生童皆裹糧從學,離城煙火聚落之處士人衆多者,亦置經師。民間童子十人以上,則以諸生之老而不仕者充爲蒙師。故郡邑無無師之士,而士之學行成者,非主六曹之事,則主分教之務,亦无不用之人。

學宫以外,凡在城在野寺觀庵堂,大者改爲書院,經師領之;小者改爲小學,蒙師領之,以分處諸生受業。其寺産即隸于學,以贍諸生之貧者。二氏之徒,分別其有學行者,歸之學

① “由”,《海山仙館叢書》本作“出”。“遷”,《海山仙館叢書》本作“選”。

宫,其餘則各還其業。

太學祭酒,推擇當世大儒,其重與宰相等,或宰相退處爲之。每朔日,天子臨幸太學,宰相、六卿、諫議皆從之。祭酒南面講學,天子亦就弟子之列。政有缺失,祭酒直言無諱。

天子之子年至十五,則與大臣之子就學于太學,使知民之情僞,且使之稍習于勞苦。毋得閉置宫中,其所聞見不出宦官宫妾之外,妄自崇大也。

郡縣朔望,大會一邑之縉紳士子。學官講學,郡縣官就弟子列,北面再拜,師弟子各以疑義相質難。其以簿書期會,不至者罰之。郡縣官政事缺失,小則糾繩,大則伐鼓號於衆。其或僻郡下縣,學官不能驟得名儒,而郡縣官之學行過之者,則朔望之會,郡縣官南面講學可也。若郡縣官少年無實學,妄自壓老儒而上之者,則士子譁而退之。

擇名儒以提督學政,然學官不隸屬于提學,以其學行名輩相師友也。每三年,學官送其俊秀于提學而考之,補博士弟子;送博士弟子于提學而考之,以解禮部,更不别遣考試官。放榜所遺之士,有平日優于學行者,學官咨于提學補入之。其弟子之罷黜,學官以生平定之,而提學不與焉。

學曆者能算氣朔,即補博士弟子,其精者同入解額,使禮部考之,官于欽天監。學醫者送提學考之,補博士弟子,方許行術。歲終,計其生死效否之數,書之于册。分爲三等:下等黜之;中等行術如故;上等解試禮部,入太醫院而官之。

凡鄉飲酒,合一郡一縣之縉紳士子。士人年七十以上,生平無玷清議者,庶民年八十以上無過犯者,皆以齒南面,學官、郡縣官皆北面,憲老乞言。

鄉賢名宦,毋得以勢位及子弟爲進退。功業氣節則考之國史，文章則稽之傳世，理學則定之言行。此外鄉曲之小譽，時文之聲名，講章之經學，依附之事功，已經入祠者皆罷之。

凡郡邑書籍，不論行世藏家，博搜重購。每書抄印三册，一册上秘府，一册送太學，一册存本學。時人文集，古文非有師法，語録非有心得，奏議無裨實用，序事無補史學者，不許傳刻。其時文、小説、詞曲、應酬代筆，已刻者皆追板燒之。士子選場屋之文及私試義策，蠱惑坊市者，弟子員黜革，見任官落職，致仕官奪告身。

民間吉凶，一依朱子家禮行事。庶民未必通諳，其喪服之制度，木主之尺寸，衣冠之式，宫室之制，在市肆工藝者，學官定而付之。離城聚落，蒙師相其禮以革習俗。

凡一邑之名迹及先賢陵墓祠宇，其修飾表章，皆學官之事。淫祠通行拆毁，但留土穀，設主祀之。故入其境，有違禮之祀，有非法之服，市懸無益之物，土留未掩之喪，優歌在耳，鄙語滿街，則學官之職不修也。

取士上

取士之弊，至今日制科而極矣。故毅宗嘗患之也，爲拔貢、保舉、准貢、特授、積分、换授，思以得度外之士。乃拔貢之試，猶然經義也，考官不遣詞臣，屬之提學，既已輕于解試矣。保舉之法，雖曰以名取人，不知今之所謂名者何憑也，勢不得不雜以賄賂請托；及其捧檄而至，吏部以一義一論試之，視解試爲尤輕矣。准貢者用解試之副榜，特授者用會試之副榜。夫副榜，黜落之餘也，其黜落者如此之重，將何以待中式者乎？積分不去貲郎，其源不能清也。① 换授以優宗室，其教可不豫乎？凡此六者，皆不離經義。欲得勝于科目之人，其法反不如科目之詳，所以徒爲紛亂而無益于時也。

唐進士試詩賦，明經試墨義。所謂墨義者，每經問義十道，五道全寫疏，五道全寫注。宋初試士，詩、賦、論各一首，策五道，帖《論語》十，帖對《春秋》或《禮記》墨義十條。其九經、五經、三禮、三傳、學究等，設科雖異，其墨義同也。王安石改法，罷詩賦、帖經、墨義，中書撰大義式頒行，須通經有文采，乃爲中格，不但如明經、墨義粗解章句而已。然非創自安石也，唐柳冕即有"明六經之義，合先王之道者以爲上等，其

① "清"，原作"潰"，據《海山仙館叢書》本改。

精于傳注與下等”之議。權德輿駁曰:“注疏猶可以質驗,不者有司率情上下其手,既失其末,又不得其本,則蕩然矣。”其後宋祁、王珪累有“止問大義,不責記誦”之奏,而不果行,至安石始決之。

故時文者,帖書、墨義之流也。今日之弊,在當時權德輿已盡之。向若因循不改,則轉相模勒,日趨浮薄,人才終无振起之時。若罷經義,遂恐有棄經不學之士,而先王之道益視爲迂闊無用之具。余謂當復墨義古法,使爲經義者全寫注疏、大全、漢宋諸儒之説,一一條具於前,而後申之以己意,亦不必墨守一先生之言。由前則空疏者絀,由後則愚蔽者絀,亦變浮薄之一術也。

或曰:以誦數精粗爲中否,唐之所以賤明經也,寧復貴其所賤乎?曰:今日之時文,有非誦數時文所得者乎?同一誦數也,先儒之義學,其愈於餖飣之剿説亦可知矣。非謂守此足以得天下之士也,趨天下之士于平實,而通經學古之人出焉。昔之詩賦亦何足以得士,然必費考索,推聲病,未有若時文,空疏不學之人皆可爲之也。

取士下

古之取士也寬，其用士也嚴；今之取士也嚴，其用士也寬。古者鄉舉里選，士之有賢能者，不患于不知。降而唐宋，其爲科目不一；士不得與于此，尚可轉而從事于彼，是其取之之寬也。《王制》論秀士，升之司徒曰選士；司徒論選士之秀者，升之學曰俊士；大樂正論造士之秀者，升之司馬曰進士；司馬論進士之賢者，以告于王而定其論。論定然後官之，任官然後爵之，位定然後禄之。一人之身，未入仕之先凡經四轉，已入仕之後凡經三轉，總七轉，始與之以禄。唐之士，及第者未便解褐，入仕吏部，又復試之。韓退之三試于吏部無成，則十年猶布衣也。宋雖登第入仕，①然亦止是簿尉令録，榜首纔得丞判，是其用之之嚴也。寬于取則无枉才，嚴于用則少倖進。

今也不然。其所以程士者，止有科舉之一途。雖使古豪傑之士若屈原、司馬遷、相如、董仲舒、揚雄之徒，舍是亦无由而進取之，不謂嚴乎哉！一日苟得，上之列于侍從，下亦寘之郡縣。即其黜落而爲鄉貢者，終身不復取解，授之以官，用之

---

① "宋"，原作"末"，據《海山仙館叢書》本改。

又何其寬也！嚴于取，則豪傑之老死丘壑者多矣；[①]寬于用，此在位者多不得其人也。

流俗之人，徒見夫二百年以來之功名氣節，一二出于其中，遂以爲科法已善，不必他求。不知科目之内，既取此百千萬人，[②]不應功名氣節之士獨不得入，則是功名氣節之士之得科目，非科目之得功名氣節之士也。假使士子探籌，第其長短而取之，行之數百年，則功名氣節之士亦自有出于探籌之中者，寧可謂探籌爲取士之善法也？[③] 究竟功名氣節人物，不及漢唐遠甚，徒使庸妄之輩充塞天下。豈天之不生才哉？則取之之法非也。吾故寬取士之法，有科舉，有薦舉，有太學，有任子，有郡邑佐，有辟召，有絶學，有上書，而用之之嚴附見焉。

科舉之法：其考校仿朱子議：第一場《易》、《詩》、《書》爲一科，子午年試之；三禮兼《大戴》爲一科，卯年試之；三傳爲一科，酉年試之。試義各二道，諸經皆兼四書義一道。答義者先條舉注疏及後儒之説，既備，然後以"愚按"結之。其不條衆説，或條而不能備，竟入已意者，雖通亦不中格。有司有不依章句移文配接命題者，有喪禮服制忌諱不以爲題者，皆坐罪。第二場周、程、張、朱、陸六子爲一科，孫、吴武經爲一科，荀、董、揚、[④]文中爲一科，管、韓、老、莊爲一科，分年各試一論。第三場《左》、《國》、三史爲一科，《三國》、《晉書》、《南北史》爲一科，新舊《唐書》、《五代史》爲一科，《宋史》、有明

---

① "丘"，原作"邱"，避孔子諱。徑改，下同。

② "取"，《海山仙館叢書》本作"聚"。

③ "也"，《海山仙館叢書》本作"耶"。

④ "揚"，原作"楊"，據上文改。

《實録》爲一科，分年試史論各二道。答者亦必摭事實而辨是非，若事實不詳，或牽連他事而于本事反略者，皆不中格。第四場時務策三道。凡博士弟子員遇以上四年仲秋，集于行省而試之，不限名數，以中格爲度。考官聘名儒，不論布衣、在位，而以提學主之。明年會試，經、子、史科，亦依鄉闈分年，禮部尚書知貢舉。登第者聽宰相鑑别，分置六部各衙門爲吏，管領簿書。拔其尤者，仿古侍中之職在天子左右，三考滿常調而後出官郡縣。又拔其尤者爲各部主事，落第者退爲弟子員，仍取解試而後得入禮闈。

薦舉之法：每歲郡舉一人，與于待詔之列，宰相以國家疑難之事問之。觀其所對，令廷臣反覆詰難，如漢之賢良、文學以鹽鐵發策是也。能自理其説者，量才官之；或假之職事，觀其所効而後官之。若庸下之材剿説欺人者，舉主坐罪，其人報罷。若道德如吴與弼、陳獻章，則不次待之，舉主受上賞。

太學之法：州縣學每歲以弟子員之學成者，列其才能德藝以上之，不限名數，缺人則止。太學受而考之，其才能德藝與所上不應者，本生報罷。凡士子之在學者，積歲月累試，分爲三等：上等則同登第者，宰相分之爲侍中屬吏；中等則不取解試，竟入禮闈；下等則罷歸鄉里。

任子之法：六品以上，其子十有五年皆入州縣學，補博士弟子員：若教之十五年而无成，則出學。三品以上，其子十有五年皆入太學；若教之十五年而无成，則出學。今也大夫之子與庶民之子同試，提學受其請托，是使其始進不以正；不受其請托，非所以優門第也。公卿之子不論其賢否而仕之，賢者則困于常調。不賢者而使之在民上，既有害于民，亦非所以愛之也。

郡縣佐之法：郡縣各設六曹，提學試弟子員之高等者分置之，如户曹管賦税出入，禮曹主祀事、鄉飲酒、上下吉凶之禮，兵曹統民户所出之兵、城守、捕寇，工曹主郡邑之興作，刑曹主刑獄，吏曹主各曹之遷除資俸也。滿三考升貢太學，其才能尤著者，補六部各衙門屬吏。凡廩生皆罷。

辟召之法：宰相、六部、方鎮及各省巡撫，皆得自辟其屬吏，試以職事，如古之攝官。其能顯著，然後上聞即真。①

絶學者，如曆算、樂律、測望、占候、火器、水利之類是也。郡縣上之於朝，政府考其果有發明，使之待詔，否則罷歸。

上書有二：一，國家有大事或大奸，朝廷之上不敢言而草野言之者，如唐劉蕡、宋陳亮是也，則當處以諫職。若爲人嗾使，因而撓亂朝政者，如東漢牢修告捕黨人之事，即應處斬。一，以所著書進覽，或他人代進，看詳其書足以傳世者，則與登第者一體出身。若無所發明，纂集舊書，且是非謬亂者，如今日趙宧光《説文長箋》、劉振《識大編》之類，部帙雖繁，却其書而遣之。

① "即真"，《海山仙館叢書》本無此二字。

建都

或問：北都之亡忽焉，其故何也？曰：亡之道不一，而建都失算，所以不可救也。夫國祚中危，何代無之。安禄山之禍，玄宗幸蜀；[①]吐蕃之難，代宗幸陝；朱泚之亂，德宗幸奉天；以汴京中原四達，就使有急而行勢無所阻。當李賊之圍京城也，毅宗亦欲南下；而孤懸絶北，音塵不貫，一時既不能出，出亦不能必達，故不得已而身殉社稷。向非都燕，何遽不及三宗之事乎！

或曰：自永樂都燕，歷十有四代，豈可以一代之失，遂議始謀之不善乎？曰：昔人之治天下也，以治天下爲事，不以失天下爲事者也。有明都燕不過二百年，而英宗狩於土木，武宗困於陽和，景泰初京城受圍，嘉靖二十八年受圍，四十三年邊人闌入，崇禎間京城歲歲戒嚴。上下精神斃於寇至，日以失天下爲事，而禮樂政教猶足觀乎！江南之民命竭於輸輓，大府之金錢靡於河道，皆都燕之爲害也。

或曰：有王者起，將復何都？曰：金陵。或曰：古之言形勝者，以關中爲上，金陵不與焉，何也？曰：時不同也。秦、漢之時，關中風氣會聚，田野開闢，人物殷盛；吴、楚方脱蠻夷之

---

① “玄”，原作“元”，避清康熙帝諱。徑改，下同。

號，風氣樸略，故金陵不能與之爭勝。今關中人物不及吴、會久矣，又經流寇之亂，煙火聚落，十無二三，生聚教訓，故非一日之所能移也。而東南粟帛，灌輸天下，天下之有吴、會，猶富室之有倉庫匱篋也。今夫千金之子，其倉庫匱篋必身親守之，而門庭則以委之僕妾。舍金陵而勿都，是委僕妾以倉庫匱篋；昔日之都燕，則身守夫門庭矣。曾謂治天下而智不千金之子若與！

方鎮

今封建之事遠矣，因時乘勢，則方鎮可復也。自唐以方鎮亡天下，庸人狃之，遂爲厲階。然原其本末則不然。當太宗分制節度，皆在邊境，不過數府。其帶甲十萬，力足以控制寇亂。故安禄山、朱泚皆憑方鎮而起，乃制亂者亦藉方鎮。其後析爲數十，勢弱兵單，方鎮之兵不足相制，黄巢、朱温遂決裂而無忌。然則唐之所以亡，由方鎮之弱，非由方鎮之强也。是故封建之弊，强弱吞併，天子之政教有所不加；郡縣之弊，疆埸之害苦無已時。欲去兩者之弊，使其並行不悖，則沿邊之方鎮乎。

宜將遼東、薊州、宣府、大同、榆林、寧夏、甘肅、固原、延綏俱設方鎮，外則雲、貴亦依此例，分割附近州縣屬之。務令其錢糧兵馬，内足自立，外足捍患；田賦商税，聽其徵收，以充戰守之用；一切政教張弛，不從中制；屬下官員亦聽其自行辟召，然後名聞。每年一貢，三年一朝，終其世兵民輯睦，疆埸寧謐者，許以嗣世。

凡此則有五利：今各邊有總督，有巡撫，有總兵，有本兵，有事復設經略，事權不一，能者壞於牽制，不能者易於推委。枝梧旦夕之間，掩飾章奏之上，其未至潰决者，直須時耳。統帥專一，獨任其咎，則思慮自周，戰守自固，以各爲長子孫之計,一也。國家一有警急,嘗竭天下之財,不足供一方之用。今一方之財自供一方,二也。邊鎮之主兵常不如客兵,故常以調發致亂,天啓之奢酋、崇禎之萊圍是也。[①] 今一方之兵自供一方,三也。治兵措餉皆出朝廷,常以一方而動四方。既各有專地,兵食不出於外,即一方不寧,他方宴如,四也。外有强兵,中朝自然顧忌。山有虎豹,藜藿不採,五也。

① "萊",原作"莱",《海山仙館叢書》本作"幕",皆誤。據《黄宗羲全集》等本改。

田制一①

昔者禹則壤定賦,《周官》體國經野,則是夏之所定者,至周已不可爲準矣。當是時,其國之君,於其封疆之内田土之肥瘠,民口之衆寡,時勢之遷改,視之爲門以内之事也。

井田既壞,漢初十五而税一,文、景三十而税一,光武初行什一之法,後亦三十而税一。蓋土地廣大,不能縷分區别,總其大勢,使瘠土之民不至於甚困而已。是故合九州之田,②以下下爲則,下下者不困,則天下之勢相安,吾亦可無事於縷分區别而爲則壤經野之事也。夫三十而税一,下下之税也。當三代之盛,賦有九等,不能盡出於下下。漢獨能爲三代之所不能爲者,豈漢之德過於三代歟?古者井田養民,其田皆上之田也。自秦而後,民所自有之田也,上既不能養民,使民自養,又從而賦之,雖三十而税一,較之於古亦未嘗爲輕也。

至於後世,不能深原其本末,以爲十一而税,古之法也;漢之省賦,非通行長久之道,必欲合於古法。九州之田,不授於上而賦以什一,③則是以上上爲則也。以上上爲則,而民

---

① "一",原脱,據《海山仙館叢書》本補。
② "合",原作"令",據《海山仙館叢書》本改。
③ "授",原作"欵",據《海山仙館叢書》本改。

焉有不困者乎？漢之武帝，度支不足，至於買爵、貸假、榷酤、[1]算緡、鹽鐵之事無所不舉，乃終不敢有加於田賦者，後東郭咸陽、孔僅、桑弘羊，[2]計慮猶未熟與？然則十而税一，名爲古法，其不合於古法甚矣。而兵興之世，又不能守其什一者；其賦之於民，不任田而任用，以一時之用制天下之賦，後王因之；後王既衰，又以其時之用制天下之賦，而後王又因之。嗚呼！吾見天下之賦日增，而後之爲民者日困於前。

儒者曰：井田不復，仁政不行，天下之民始敝敝矣。孰知魏、晉之民又困於漢，唐、宋之民又困於魏、晉，則天下之害民者，寧獨在井田之不復乎？今天下之財賦出於江南，江南之賦至錢氏而重，宋未嘗改。至張士誠而又重，有明亦未嘗改。故一畝之賦，自三斗起科，至於七斗，七斗之外，尚有官耗私增。計其一歲之穫，不過一石，盡輸於官，然且不足。乃其所以至此者，因循亂世苟且之術也。吾意有王者起，必當重定天下之賦；重定天下之賦，必當以下下爲則，而後合於古法也。

或曰：三十而税一，國用不足矣。夫古者千里之内，[3]天子食之；其收之諸侯之貢者，不能十之一。今郡縣之賦，郡縣食之不能十之一，其解運至於京師者十有九。彼收其十一者尚無不足，收其十九者而反憂之乎！

---

① “酤”，原作“估”，據《海山仙館叢書》本改。
② “弘”，原作“宏”，避清乾隆帝諱。徑改，下同。
③ “千”，原作“十”，據《海山仙館叢書》本改。

田制二

自井田之廢，董仲舒有限民名田之議，師丹、孔光因之，令民名田無過三十頃，期盡三年而犯者，沒入之。其意雖善，然古之聖君，方授田以養民，今民所自有之田，乃復以法奪之。授田之政未成而奪田之事先見，所謂行一不義而不可爲也。或者謂奪富民之田則生亂，欲復井田者，乘大亂之後土曠人稀而後可，故漢高祖之滅秦，光武之乘漢，可爲而不爲爲足惜。夫先王之制井田，所以遂民之生，使其繁庶也。今幸民之殺戮，爲其可以便吾事，將使田既井而後，人民繁庶，或不能於吾制無齟齬，豈反謂之不幸與？

後儒言井田必不可復者，莫詳於蘇洵；言井田必可復者，莫切於胡翰、方孝孺。洵以川路、澮道、洫涂、溝畛、遂徑之制，非窮數百年之力不可。① 夫誠授民以田，有道路可通，有水利可修，亦何必拘泥其制度疆界之末乎？凡蘇洵之所憂者，皆非爲井田者之所急也。胡翰、方孝孺但言其可復，其所以復之之法亦不能詳。余蓋於衛所之屯田，而知所以復井田者亦不外於是矣。世儒於屯田則言可行，於井田則言不可行，是不知二五之爲十矣。

---

① “窮”，原作“勞”，據《海山仙館叢書》本改。

每軍撥田五十畝，古之百畝也，非即周時一夫授田百畝乎？五十畝科正糧十二石，聽本軍支用，餘糧十二石，給本衛官軍俸糧，是實徵十二石也。每畝二斗四升，亦即周之鄉遂用貢法也。天下屯田見額六十四萬四千二百四十三頃，以萬曆六年實在田土七百一萬三千九百七十六頃二十八畝律之，屯田居其十分之一也，授田之法未行者，特九分耳。由一以推之九，似亦未爲難行。① 況田有官民，官田者，非民所得而自有者也。州縣之内，官田又居其十分之三。以實在田土均之，人户一千六十二萬一千四百三十六，每户授田五十畝，尚餘田一萬七千三十二萬五千八百二十八畝，以聽富民之所占。則天下之田自無不足，又何必限田、均田紛紛，而徒爲困苦富民之事乎？故吾於屯田之行，而知井田之必可復也。

難者曰：屯田既如井田，則屯田之軍日宜繁庶，何以復有銷耗也？曰：此其説有四：屯田非土著之民，雖授之田，不足以挽其鄉土之思，一也。又令少壯者守城，老弱者屯種，夫屯種而任之老弱，則所穫幾何？且彼見不屯者之未嘗不得食也，亦何爲而任其勞苦乎？二也。古者什而税一，今每畝二斗四升，計一畝之入不過一石，則是什税二有半矣，三也。又徵收主自武人，而郡縣不與，則凡刻剥其軍者，何所不爲，四也。而又何怪乎其銷耗與？

---

① “爲難”，原誤倒，據《海山仙館叢書》本乙正。

田制三

或問井田可復，既得聞命矣，若夫定税則，如何而後可？曰：斯民之苦暴税久矣，有積累莫返之害，有所税非所出之害，有田土無等第之害。

何謂積累莫返之害？三代之貢、助、徹，止税田土而已。魏晉有户、調之名，有田者出租賦，有户者出布帛，田之外復有户矣。唐初立租、庸、調之法，有田則有租，有户則有調，有身則有庸；租出穀，庸出絹，調出繒纊布麻，户之外復有丁矣。楊炎變爲兩税，人無丁中，以貧富爲差，雖租、庸、調之名渾然不見，其實併庸、調而入於租也。相傳至宋，未嘗減庸、調於租内，而復斂丁身錢米。後世安之，謂兩税，租也，丁身，庸、調也，豈知其爲重出之賦乎？使庸、調之名不去，何至是耶？故楊炎之利于一時者少，而害于後世者大矣。有明兩税，丁口而外，有力差，有銀差，蓋十年而一值。嘉靖末行一條鞭法，通府州縣十歲中夏税、秋糧、存留、起運之額，均徭、里甲、土貢、顧募、加銀之例，一條總徵之，使一年而出者分爲十年，及至所值之年一如餘年，是銀、力二差又併入于兩税也。未幾而里甲之值年者，雜役仍復紛然。其後又安之，謂條鞭，兩税也；雜役，值年之差也，豈知其爲重出之差乎？使銀差、力差之名不去，何至是耶？故條鞭之利于一時者少，而害于後世者大矣。萬曆間,舊餉五百萬,其末年加新餉九百萬,崇禎間又增練餉七百三十萬,倪元璐爲户部,合三餉爲一,是新餉、練餉又併入于兩税也。至今日以爲兩税固然,豈知其所以亡天下者之在斯乎!使練餉、新餉之名不改,或者顧名而思義,未可知也,此又元璐不學無術之過也。嗟乎!税額之積累至此,民之得有其生也亦無幾矣。今欲定税,須反積累以前而爲之制。授田于民,以什一爲則;未授之田,以二十一爲則。其户口,則以爲出兵養兵之賦。國用自無不足,又何事于暴税乎?

何謂所税非所出之害?古者任土作貢,雖諸侯而不忍强之以其地之所無,況于小民乎?故賦穀米,田之所自出也;賦布帛,丁之所自爲也。其有納錢者,後世隨民所便。布一匹,直錢一千,輸官聽爲九百;布直六百,輸官聽爲五百,比之民間,反從降落。是錢之在賦,但與布帛通融而已。其田土之賦穀米,漢、唐以前未之有改也。及楊炎以户口之賦並歸土田,于是布帛之折于錢者與穀米相亂,亦遂不知錢之非田賦矣。宋隆興二年,詔温、台、處、徽不通水路,其二税物帛,許依折法以銀折輸。蓋當時銀價低下,其許以折物帛者,亦隨民所便也。然按熙寧税額,兩税之賦銀者六萬一百三十七兩而已,而又穀賤之時常平就糴,故雖賦銀,亦不至於甚困。有明自漕糧而外,盡數折銀。不特折錢之布帛爲銀,而歷代相仍不折之穀米,亦無不爲銀矣;不特穀米不聽上納,即欲以錢准銀,亦有所不能矣。夫以錢爲賦,陸贄尚曰"所供非所業,所業非所供",以爲不可,而況以銀爲賦乎?天下之銀既竭,凶年田之所出不足以上供;豐年田之所出足以上供,折而爲銀,則仍不足以上供也,無乃使民歲歲皆凶年乎?天與民以豐年,而上復奪之,是有天下者之以斯民爲讐也。然則聖王者而有天下,其必任土所宜,出百穀者賦百穀,出桑麻者賦布帛,以至雜物皆賦其所出,斯民庶不至困瘁爾。

何謂田土無等第之害?《周禮·大司徒》:"不易之地家百晦,一易之地家二百畝,再易之地家三百晦。"是九則定賦之外,先王又細爲之等第也。今民間田土之價,懸殊不啻二十倍,而有司之徵收,畫以一則,至使不毛之地歲抱空租,亦有歲歲畊種,而所出之息不償牛種。小民但知其爲瘠土,向若如古法休一歲、二歲,未始非沃土矣。官府之催科不暇,[1]雖欲易之,惡得而易之,何怪夫土力之日竭乎?吾見有百畝之田而不足當數十畝之用者,是不易之爲害也。今丈量天下田土,其上者依方田之法,二百四十步爲一畝,中者以四百八十步爲一畝,下者以七百二十步爲一畝,再酌之于三百六十步、六百步爲畝,分之五等。魚鱗册字號,一號以一畝準之,不得贅以奇零。如數畝而同一區者不妨數號;一畝而分數區者,不妨一號。使田土之等第,不在稅額之重輕,而在丈量之廣狹,則不齊者從而齊矣。是故田之中、下者,得更番而作,以收土田之利。如其力有餘也而悉畊之,彼二畝三畝之入,與土田一畝較量多寡,[2]亦無不可也。

---

① "暇",原作"假",據《海山仙館叢書》本改。
② "土",據文意疑應爲"上"。

兵制一

有明之兵制，蓋亦三變矣。衛所之兵變而爲召募，至崇禎、弘光間，又變而爲大將之屯兵。衛所之弊也，官軍三百十三萬八千三百，皆仰食于民，除西北邊兵三十萬外，其所以禦寇定亂者，不得不别設兵以養之。兵分于農，然且不可，乃又使軍分于兵，是以一天下養兩天下之兵也。召募之弊也，如東事之起，①安家、行糧、馬匹、甲杖費數百萬金，得兵十餘萬而不當三萬之選，天下已騷動矣。大將屯兵之弊也，擁衆自衛，與敵爲市，搶殺不可問，宣召不能行，率我所養之兵反而攻我者，即其人也。有明之所以亡，其不在斯三者乎！

議者曰：衛所之爲召募，此不得已而行之者也；召募之爲大將屯兵，此勢之所趨而非制也。原夫衛所，其制非不善也：一鎮之兵足守一鎮之地，一軍之田足贍一軍之用，衛所、屯田，蓋相表裏者也。其後軍伍銷耗，耕者無人，則屯糧不足；增以客兵，坐食者衆，則屯糧不足，于是益之以民糧，又益之以鹽糧，又益之以京運，而衛所之制始破壞矣。都燕而後，歲漕四百萬石，十有二總領衛一百四十旗，軍十二萬六千八百人，輪年值運，有月糧，有行糧，一人兼二人之食，是歲有二十

① "東事"，原爲空格，據《海山仙館叢書》本補。

五萬三千六百不畊而食之軍矣。此又衛所之制破壞于輪輓者也。中都、大寧、山東、河南附近衛所，輪班上操，春班以三月至八月還，秋班以九月至二月還，有月糧，有行糧，一人兼二人之食，是歲有二十餘萬不畊而食之軍矣。此又衛所之制破壞于班操者也。一邊有事則調各邊之軍，應調者食此邊之新餉，其家口又支各邊之舊餉，舊兵不歸，各邊不得不補，補一名又添一名之新餉，是一兵而用三餉也。① 衛所之制，至是破壞而不可支矣。凡此皆末流之弊，其初制豈若是哉？

爲説者曰：末流之弊，亦由其制之不善所致也；制之不善，則軍民之太分也。凡人膂力不過三十年，以七十爲率，則四十年居其老弱也。軍既不得復還爲民，則一軍之在伍，其爲老弱者亦復四十年，如是而焉得不銷耗乎？鄉井之思，誰則无有，今以謫發充之，遠者萬里，近者千餘里，違其土性，死傷逃竄十常八九，如是而焉得不銷耗乎？且燕都二百餘年，天下之財莫不盡取以歸京師，使東南之民力竭者，非軍也耶！

或曰：圻甸之民大半爲軍，②今計口而給之，故天下有荒歲而圻甸不困，此明知其无益而不可已者也。曰：若是則非養兵也，乃養民也。天下之民不畊而待養於上，則天下之畊者當何人哉？東南之民奚罪焉！夫以養軍之故，至不得不養及于民，猶可謂其制之善與！

余以謂天下之兵當取之于口，而天下爲兵之養當取之于户。其取之口也，教練之時五十而出二，調發之時五十而出一。其取之户也，調發之兵十户而養一，教練之兵則無資於

---

① "用"，《海山仙館叢書》本作"有"。
② "圻"，《海山仙館叢書》本作"畿"。下文兩"圻"字同。

養。如以萬曆六年户口數目言之,人口六千六十九萬二千八百五十六,則得兵一百二十一萬三千八百五十七人矣;人户一千六十二萬一千四百三十六,則可養兵一百六萬二千一百四十三人矣。夫五十口而出一人,則其役不爲重;一十户而養一人,則其費不爲難;而天下之兵滿一百二十餘萬,亦不爲少矣。王圻之内,以二十萬人更番入衛,然亦不過千里。假如都金陵,其入衛者但盡金陵所屬之郡邑,而他省不與焉。金陵人口一千五十萬二千六百五十一,則得勝兵二十一萬五百。以十萬各守郡邑,以十萬入衛;次年則以守郡邑者入衛,以入衛者歸守郡邑;又次年則調發其同事教練之兵,其已經調發者則住糧歸家,但聽教練而已。夫五十口而出一人,而又四年方一行役,以一人計之,二十歲而入伍,五十歲而出伍,始終三十年,止歷七踐更耳,而又不出千里之遠,則爲兵者其任亦不爲勞。國家無養兵之費則國富,隊伍無老弱之卒則兵强。人主欲富國强兵而兵民太分,唐、宋以來但有彼善于此之制,其受兵之害,未嘗不與有明同也。

兵制二

國家當承平之時，武人至大帥者，干謁文臣，①即其品級懸絶，亦必戎服，左握刀，右屬弓矢，帕首袴韡，趨入庭拜，其門狀自稱走狗，退而與其僕隸齒。兵興以後，有言于天子者曰："今日不重武臣，故武功不立。"于是毅宗皇帝專任大帥，不使文臣節制。不二三年，武臣擁衆，與賊相望，同事虜略。② 李賊入京師，三輔至于青、齊諸鎮，櫛比而營。天子封公侯結其歡心，終莫肯以一矢入援。嗚呼，毅宗重武之効如此！

然則武固不當重與？曰：毅宗輕武而不重武者也。武之所重者將：湯之伐桀，伊尹爲將；武之入商，太公爲將；晉作六軍，其爲將者皆六卿之選也。有明雖失其制，總兵皆用武人，然必聽節制于督撫或經略。則是督撫、經略，將也；總兵，偏裨也。總兵有將之名而無將之實，然且不可，況竟與之以實乎？夫安國家，全社稷，君子之事也；供指使，用氣力，小人之事也。國家社稷之事，孰有大于將；使小人而優爲之，又何貴乎君子耶？今以天下之大托之于小人，爲重武耶，爲輕武耶？

---

① "謁"，原作"涉"，據《海山仙館叢書》本改。
② "虜"，原作"鹵"，據《海山仙館叢書》本改。

是故與毅宗從死者，皆文臣也。當其時，屬之以一旅，赴賊俱死，尚冀十有一二相全，何至自殊城破之日乎？是故建義于郡縣者，皆文臣及儒生也。當其時，有所藉手以從事，勝負亦未可知，何至驅市人而戰，受其屠醢乎？彼武人之爲大帥者，方且飆浮雲起，昔之不敢一當敵者，乘時易幟，各以利刃而齒腐朽，鮑永所謂以其衆幸富貴矣，而後知承平之時待以徒隸者之未爲非也。

然則彭越、黥布非古之良將與？曰：彭越、黥布，非漢王將之者也。布、越無所藉于漢王而漢王藉之，猶治病者之服烏喙藜蘆也。人見彭越、黥布之有功而欲將武人，亦猶見烏喙藜蘆之愈病而欲以爲服食也。彼粗暴之徒，乘世之衰，竊亂天常，吾可以權授之，使之出落鈐鍵哉？然則叔孫通專言斬將搴旂之士，儒生无所言進，何也？曰：當是時，漢王已將韓信，彼通之所進者，以首爭首、以力搏力之兵子耳，豈所謂將哉？然則壯健輕死善擊刺者，非所貴與？曰：壯健輕死善擊刺之在人，猶精緻犀利之在器甲也。弓必欲無灂，冶必欲援胡之稱，甲必欲上旅下旅札續之堅，人必欲壯健輕死善擊刺，其道一也。器甲之精緻犀利，用之者人也；人之壯健輕死善擊刺者，用之者將也。今以壯健輕死善擊刺者之人而可使之爲將，是精緻犀利之器甲可以不待人而戰也。

兵制三

唐、宋以來，文武分爲兩途，然其職官，内而樞密，外而閫帥州軍，猶文武參用。惟有明截然不相出入，文臣之督撫，雖與軍事而專任節制，與兵士離而不屬。是故涖軍者不得計餉，計餉者不得涖軍；節制者不得操兵，操兵者不得節制。方自以犬牙交制，使其勢不可爲叛。夫天下有不可叛之人，未嘗有不可叛之法。杜牧所謂"聖賢才能多聞博識之士"，此不可叛之人也。豪猪健狗之徒，不識義禮，喜虜掠，①輕去就，緩則受吾節制，指顧簿書之間，急則擁兵自重，節制之人自然隨之上下。試觀崇禎時，督撫曾有不爲大帥驅使者乎？此時法未嘗不在，未見其不可叛也。

有明武職之制，内設都督府、錦衣衛，外設二十一都司，四百九十三衛，三百五十九所。平時有左右都督、都指揮使、指揮使，各係以同知、僉事，及千户、百户、鎮撫之級。行伍有總兵、副將、參將、游擊、千把總之名。宜悉罷平時職級，只存行伍。京營之兵，兵部尚書即爲總兵，侍郎即爲副將，其屬郎官即分任參、游。設或征討，將自中出，侍郎掛印而總兵事，郎官從之者一如京營，或用巡撫爲將，巡撫掛印，即以副將屬

① "虜"，原作"鹵"，據《海山仙館叢書》本改。

之參政，參將屬之郡守，其行間戰將勇略冠軍者即參用于其間。苟如近世之沈希儀、萬表、俞大猷、戚繼光，又未嘗不可使之内而兵部，外而巡撫也。

自儒生久不爲將，其視用兵也，一以爲尚力之事，當屬之豪健之流；一以爲陰謀之事，當屬之傾危之士。夫稱戈比干立矛者，[1]士卒之事，而非將帥之事也。即一人以力聞，十人而勝之矣。兵興以來，田野市井之間旅力稍過人者，[2]當事即以奇士待之，究竟不當一卒之用。萬曆以來之將，掩敗飾功，所以欺其君父者，何所不至，亦可謂之傾危矣，乃只能施之君父，不能施之寇敵。然則今日之所以取敗亡者，非不足力與陰謀可知矣。使文武合爲一途，爲儒生者知兵書戰策非我分外，習之而知其無過高之論；爲武夫者知親上愛民爲用武之本，不以粗暴爲能，是則皆不可叛之人也。

---

① "干"，原作"千"，據《海山仙館叢書》本改。

② "田"，《海山仙館叢書》本作"山"。"旅"，《海山仙館叢書》本作"膂"。

財計一

後之聖王而欲天下安富，其必廢金銀乎？

古之徵貴徵賤，以粟帛爲俯仰。故公上賦税，有粟米之征、布縷之征是也；民間市易，詩言“握粟出卜”，孟子言“通工易事，男粟女布”是也。其時之金銀，與珠玉無異，爲餽問器飾之用而已。三代以下，用者粟帛而衡之以錢，故錢與粟帛相爲輕重。漢章帝時，穀帛價貴，張林言：“此錢多故也，宜令天下悉以布帛爲租，市賈皆用之，封錢勿出，物皆賤矣。”魏明帝時，廢錢用穀。桓玄輔晉，亦欲廢錢。孔琳之曰：“先王制無用之貨以通有用之財，此錢之所以嗣功龜貝也。穀帛本充衣食，分以爲貨，勞毀于商販之手，耗棄於割截之用，此之爲弊，著自于曩。”然則昔之有天下者，雖錢與穀帛雜用，猶不欲使其重在錢也。梁初唯京師及三吴、荊、郢、江、湘、梁、益用錢，其餘州郡雜以穀帛，交、廣之域全以金銀爲貨。陳用錢兼以錫鐵粟帛，嶺南多以鹽米布，交易不用錢。北齊冀州之北，[1]錢皆不行，交貿者皆絹布。後周河西諸郡或用西域金銀錢，而官不禁。唐時民間用布帛處多，用錢處少。大曆以

---

① “冀”，原作“戴”，據《海山仙館叢書》本改。

前，嶺南用錢之外，[①]雜以金銀、[②]丹砂、象齒。貞元二十年，命市井交易，以綾羅絹布雜貨與錢兼用。憲宗詔天下有銀之山必有銅，唯銀無益於人，五嶺以北，采銀一兩者流它州，官吏論罪。元和六年，貿易錢十緡以上參布帛。太和三年，飾佛像許以金銀，唯不得用銅。四年，交易百緡以上者，粟帛居半。按唐以前，自交、廣外，上而賦税，下而市易，一切無事于金銀，其可考彰彰若是。

宋元豐十二年，蔡京當國，凡以金銀絲帛等貿易勿受，夾錫錢者以法懲治。蓋其時有以金銀爲用者矣。然重和之令，命官之家，留見錢二萬貫，民庶半之，餘限二年聽易金銀之類。則是市易之在下者，未始不以錢爲重也。紹興以來，歲額金一百二十八兩，銀無額，七分入内庫，三分歸有司。則是賦税之在上者，亦未始以金銀爲正供，爲有司之經費也。及元起北方，錢法不行，于是以金銀爲母，鈔爲子，子母相權而行，而金銀遂爲流通之貨矣。

明初亦嘗禁金銀交易，而許以金銀易鈔于官，則是罔民而收其利也，其誰信之！故至今日而賦税市易，銀乃單行，以爲天下之大害。蓋銀與鈔爲表裏，銀之力絀，鈔以舒之，故元之税糧，折鈔而不折銀。今鈔既不行，錢僅爲小市之用，不入貢賦，[③]使百務併于一途，則銀力竭。元又立提舉司，置淘金户，開設金銀場，各路聽民煽煉，則金銀之出于民間者尚多。今礦所封閉，間一開採，又使宫奴專之，以入大内，與民間無與，則銀力竭。二百餘年，天下金銀，綱運至于燕京，如水赴

① "錢"，《海山仙館叢書》本作"銀"。
② "銀"，《海山仙館叢書》本作"錫"。
③ "貢賦"，《海山仙館叢書》本作"賦税"。

壑。承平之時,猶有商賈官吏返其十分之二三,多故以來,在燕京者既盡泄之邊外,而富商、大賈、達官猾吏,自北而南,又能以其資力盡斂天下之金銀而去,此其理尚有往而復返者乎?

夫銀力已竭,而賦税如故也,市易如故也,皇皇求銀,將于何所?故田土之價,不當異時之十一,豈其壤瘠與?曰:否,不能爲賦税也。百貨之價,亦不當異時之十一,豈其物阜與?曰:否,市易無資也。當今之世,宛轉湯火之民,即時和年豐無益也,即勸農沛澤無益也,吾以爲非廢金銀不可。廢金銀,其利有七:粟帛之屬,小民力能自致,則家易足,一也。鑄錢以通有無,鑄者不息,貨無匱竭,二也。不藏金銀,無甚貧甚富之家,三也。輕齎不便,民難去其鄉,四也。官吏贓私難覆,五也。盜賊胠篋,負重易迹,六也。錢鈔路通,七也。然須重爲之禁,盜礦者死刑,金銀市易者以盜鑄錢論而後可。

財計二

錢幣，所以爲利也。唯無一時之利，而後有久遠之利。以三四錢之費得十錢之息，以尺寸之楮當金銀之用，此一時之利也。使封域之内，常有千萬財用流轉無窮，此久遠之利也。後之治天下者，常顧此而失彼，所以阻壞其始議也。

有明欲行錢法而不能行者：一曰惜銅愛工，錢既惡薄，私鑄繁興。二曰折二折三，當五當十，制度不常。三曰銅禁不嚴，分造器皿。四曰年號異文。此四害者，昔之所同。五曰行用金銀，貨不歸一。六曰賞賚、賦税，上行于下，下不行于上。昔之害錢者四，今之害錢者六。故今日之錢，不過資小小貿易，公私之利源皆無賴焉，是行錢與不行等也。誠廢金銀，使貨物之衡盡歸於錢；京省各設專官鼓鑄；有銅之山，官爲開採；民間之器皿，寺觀之像設，悉行燒毀入局；千錢以重六斤四兩爲率，每錢重一錢；製作精工，樣式畫一，亦不必冠以年號；除田土賦粟帛外，凡鹽酒征榷，一切以錢爲税。如此而患不行，吾不信也。

有明欲行鈔法而不能行者，崇禎間，桐城諸生蔣臣，①言鈔法可行，歲造三千萬貫，一貫直一金，歲可得金三千萬兩。

① “生”，原作“臣”，據《黄宗羲全集》本改。

户工侍郎王鰲永主其説，且言初年造三千萬貫，可得五千萬金，所入既多，將金與土同價。上特設内寶鈔局，晝夜督造，募商發賣，無肯應者。大學士蔣德璟言，以一金易一紙，愚者不爲。上以高皇帝之行鈔難之，德璟曰："高皇帝似亦神道設教，然賞賜折俸而已，固不曾用之兵餉也。"按鈔起于唐之飛錢，猶今民間之會票也，至宋而始官制行之。然宋之所以得行者，每造一界，備本錢三十六萬緡，而又佐之以鹽酒等項。蓋民間欲得鈔，則以錢入庫；欲得錢，則以鈔入庫；欲得鹽酒，則以鈔入諸務。故鈔之在手，與見錢無異。其必限之以界者，一則官之本錢，當使與所造之鈔相準，非界則增造無藝；[①]一則每界造鈔若干，下界收鈔若干，詐僞易辨，非界則收造無數。宋之稱提鈔法如此。即元之所以得行者，隨路設立官庫，貿易金銀，平準鈔法。有明寶鈔庫，不過倒收舊鈔，凡稱提之法俱置不講，何怪乎其終不行也！毅宗言利之臣，不詳其行壞之始末，徒見尺楮張紙居然可當金銀，但講造之之法，不講行之之法。官無本錢，民何以信？故其時言可行者，猶見彈而求炙也。然誠使停積錢緡，五年爲界，斂舊鈔而焚之；官民使用，在關即以之抵商税，在場即以之易鹽引，亦何患其不行？且誠廢金銀，則穀帛錢緡，不便行遠，而囊括尺寸之鈔，隨地可以變易，在仕宦商賈又不得不行。德璟不言鈔與錢貨不可相離，而言神道設教，非兵餉之用，彼行之于宋、元者，何不深考乎？

---

① "藝"，《海山仙館叢書》本作"異"。

財計三

治天下者既輕其賦斂矣，而民間之習俗未去，蠱惑不除，①奢侈不革，則民仍不可使富也。

何謂習俗？吉凶之禮既亡，則以其相沿者爲禮。婚之筐篚也，裝資也，宴會也；喪之含殮也，設祭也，佛事也，宴會也，芻靈也。富者以之相高，貧者以之相勉矣。

何謂蠱惑？佛也，巫也。佛一也，而有佛之宫室，佛之衣食，佛之役使，凡佛之資生器用無不備，佛遂中分其民之作業矣。巫一耳，而資于楮錢香燭以爲巫，資于烹宰以爲巫，資于歌吹婆娑以爲巫，凡齋醮祈賽之用無不備，②巫遂中分其民之資産矣。

何謂奢侈？其甚者，倡優也，酒肆也，機坊也。倡優之費，一夕而中人之産；酒肆之費，一頓而終年之食；機坊之費，一衣而十夫之煖。

故治之以本，使小民吉凶一循于禮，投巫驅佛，吾所謂學校之教明而後可也。治之以末，倡優有禁，酒有禁，除布帛外皆有禁。今夫通都之市肆，十室而九，有爲佛而貨者，有爲巫

① "惑"，原作"感"，據《海山仙館叢書》本改。
② "醮"，原作"蘸"，據《海山仙館叢書》本改。

而貨者，有爲倡優而貨者，有爲奇技淫巧而貨者，皆不切于民用，一概痛絶之，亦庶乎救弊之一端也。此古聖王崇本抑末之道。世儒不察，以工商爲末，妄議抑之。夫工固聖王之所欲來，商又使其願出于途者，蓋皆本也。

胥吏

古之胥吏者一，今之胥吏者二。古者府吏胥徒，[1]所以守簿書，定期會者也。其奔走服役，則以鄉户充之。自王安石改差役爲雇役，而奔走服役者亦化而爲胥吏矣。故欲除奔走服役吏胥之害，則復差役；欲除簿書期會吏胥之害，則用士人。

何謂復差役？宋時差役，有衛前、散從、承符、弓手、手力、耆長、户長、壯丁、色目。衛前以主官物，今庫子、解户之類；户長以督賦税，今坊里長；耆長、弓手、壯丁以逐捕盜賊，今弓兵、捕盜之類；承符、手力、散從以供驅使，今皂隸、快手、承差之類。凡今庫子、解户、坊里長皆爲差役，弓兵、捕盜、皂隸、快手、承差則顧役也。余意坊里長值年之後，次年仍出一人以供雜役。蓋吏胥之敢于爲害者，其故有三：其一，恃官司之力，鄉民不敢致難；差役者，則知我之今歲致難于彼者，不能保彼之來歲不致難于我也。其二，一爲官府之人，一爲田野之人，既非同類，自不相顧。差役者，則儕輩爾汝，無所畏忌。其三，久在官府，則根株窟穴，牢不可破；差役者，伎倆生疏，不敢弄法。是故坊里長同勾當于官府，而鄉民之于坊里

---

① "吏"，《海山仙館叢書》本作"史"。

長不以爲甚害者，則差與顧之分也。治天下者亦視其勢，勢可以爲惡，雖禁之而有所不止；勢不可以爲惡，其止之有不待禁也。差役者，固勢之不可以爲惡者也。議者曰：自安石變法，終宋之世欲復之而不能，豈非以人不安于差役與？曰：差役之害，唯有衙前，故安石以顧募救之。今庫子、解户且不能不仍于差役，而其無害者顧反不可復乎？宋人欲復差役，以募錢爲害，吾謂募錢之害小，而胥吏之害大也。

何謂用士人？六部院寺之吏，請以進士之觀政者爲之，次及任子，次及國學之應仕者。滿調則出官州縣，或歷部院屬官，不能者落職。郡縣之吏，各設六曹，請以弟子員之當廪食者充之。滿調則升之國學，或即補六部院寺之吏，不能者終身不聽出仕。郡之經歷、照磨、知事，縣之丞、簿、典史，悉行汰去。行省之法，一如郡縣。蓋吏胥之害天下，不可枚舉，而大要有四：其一，今之吏胥，以徒隸爲之，所謂皇皇求利者。而當可以爲利之處，則亦何所不至，創爲文網以濟其私。凡今所設施之科條，皆出于吏，是以天下有吏之法，無朝廷之法。其二，天下之吏，既爲無賴子所據，而佐貳又爲吏之出身，士人目爲異途，羞與爲伍。承平之世，士人衆多，出仕之途既狹，遂使有才者老死丘壑，非如孔孟之時，委吏、乘田、抱關、擊柝之皆士人也。其三，各衙門之佐貳，不自其長辟召，一一銓之吏部，即其名姓且不能遍，況其人之賢不肖乎？故銓部化爲籤部，貽笑千古。其四，京師權要之吏，頂首皆數千金，父傳之子，兄傳之弟，其一人麗于法而後繼一人焉，則其子若弟也，不然，則其傳衣鉢者也。是以今天下無封建之國，有封建之吏。誠使吏胥皆用士人，則一切反是，而害可除矣。且今各衙門之首領官與郡縣之佐貳，在漢則爲曹掾之屬，其長皆得自辟，即古之吏胥也。其後選除出自吏部，其長復自設曹掾以爲吏胥，相沿至今，曹掾之名既去，而吏胥之實亦亡矣。故今之吏胥，乃曹掾之重出者也。吾之法，亦使曹掾得其實，吏胥去其重而已。

奄宦上

奄宦之禍，歷漢、唐、宋而相尋無已，然未有若有明之爲烈也。漢、唐、宋有干與朝政之奄宦，無奉行朝政之奄宦。①今夫宰相六部，朝政所自出也；而本章之批答，先有口傳，後有票擬；天下之財賦，先内庫而後太倉；天下之刑獄，先東廠而後法司；其他無不皆然。則是宰相六部，爲奄宦奉行之員而已。人主以天下爲家，故以府庫之有爲已有，環衛之强爲己强者，尚然末王之事。今也衣服、飲食、馬匹、甲仗、禮樂，貨賄、造作，無不取辦于禁城數里之内，而外庭所設之衙門，所供之財賦，亦遂視之爲非其有，曉曉而爭。使人主之天下不過此禁城數里之内者，皆奄宦爲之也。漢、唐、宋之奄宦，乘人主之昏而後可以得志。有明則格局已定，牽挽相維。②以毅宗之哲王，始而疑之，終不能舍之，卒之臨死而不能與廷臣一見，其禍未有若是之烈也！

且夫人主之有奄宦，奴婢也；其有廷臣，師友也。所求乎奴婢者使令，所求乎師友者道德。故奴婢以伺喜怒爲賢，③師友而喜怒其喜怒，則爲容悦矣；師友以規過失爲賢，奴婢而

---

① “朝政之奄宦”，《海山仙館叢書》本作“奄宦之朝政”。
② “維”，《海山仙館叢書》本作“雜”。
③ “伺”，《海山仙館叢書》本作“相”。

過失其過失，則爲悖逆矣。自夫奄人以爲内臣，士大夫以爲外臣，奄人既以奴婢之道事其主，其主之妄喜妄怒，外臣從而違之者，奄人曰："夫非盡人之臣與，奈之何其不敬也！"人主亦即以奴婢之道爲人臣之道，以其喜怒加之于奄人而受，加之于士大夫而不受，則曰："夫非盡人之臣與，奈之何有敬有不敬也？蓋内臣愛我者也，外臣自愛者也。"于是天下之爲人臣者，見夫上之所賢所否者在是，亦遂舍其師友之道而相趨于奴颜婢膝之一途。習之既久，小儒不通大義，又從而附會之曰："君父，天也。"故有明奏疏，吾見其是非甚明也，而不敢明言其是非；或舉其小過而遺其大惡，或勉以近事而闕于古，則以爲事君之道當然。豈知一世之人心學術爲奴婢之歸者，皆奄宦爲之也。禍不若是其烈與！

奄宦下

奄宦之如毒藥猛獸，數千年以來，人盡知之矣；乃卒遭其裂肝碎首者，曷故哉？豈無法以制之與？則由于人主之多欲也。夫人主受命于天，原非得已，故許由、務光之流，實見其以天下爲桎梏而掉臂去之。豈料後世之君，視天下爲娛樂之具。崇其宫室，不得不以女謁充之；盛其女謁，不得不以奄寺守之。此相因之勢也。

其在後世之君，亦何足貴。而鄭玄之注《周禮》也，乃謂女御八十一人當九夕，世婦二十七人當三夕，九嬪九人當一夕，三夫人當一夕，後當一夕，其視古之賢王與後世無異，則是《周禮》爲誨淫之書也。孟子言："侍妾數百人，我得志弗爲也。"是時齊、梁、秦、楚之君，共爲奢僭，東西二周且無此事。若使爲周公遺制，則孟子亦安爲固然，得志弗爲，則是以周公爲舛錯矣。苟如玄之爲言，王之妃百二十人，妃之下又有侍從，則奄之守衛服役者勢當數千人。後儒以寺人隸于冢宰，謂周官深得治奄之法。夫刑餘之人，不顧禮義，凶暴是聞。天下聚凶暴滿萬，而區區以係屬冢宰，納之鈐鍵，有是理乎？且古今不貴其能治，而貴其能不亂。奄人之衆多，即未反亂,[①]亦厝火積薪之下也。

吾意爲人主者,自三宫以外,一切當罷。如是,則奄之給使令者,不過數十人而足矣。議者竊憂其嗣育之不廣也。夫天下何常之有?吾不能治天下,尚欲避之,况于子孫乎?彼鰓鰓然唯恐後之有天下者不出於其子孫,是乃流俗富翁之見。故堯、舜有子,尚不傳之。宋徽宗未嘗不多子,止以供金人之屠醢耳。

① "反",《海山仙館叢書》本作"及"。